KB166887

CliffsNotes™

다락원
명작노트
035

노인과 바다

The Old Man and the Sea

어니스트 헤밍웨이

다락원 WILEY
Publishers Since 1807

세계의 교양을 읽는다

고전을 왜 읽는가?

인간의 삶과 세상에 대한 영원한 물음이 있기 때문이다. 시대와 사상을 뛰어넘어 지금 여기 우리에게 필요한 물음이 없는 고전은 더이상 고전이 아니다. 인간과 삶에 대한 근원적인 물음 없이 고전을 읽는다면 자신과 인간에 대한 성찰과 지혜로 이어지지 않는다. 논술 시험 때문에, 과제물 때문에, 아니면 남들이 읽으니까, 나도 읽는다는 식이라면 그 책은 죽은 책일 수밖에 없다.

고전을 살아 있는 책으로 만드는 이 '물음!'에 답하기 위해서는 좋은 길잡이가 필요하다. 40년 이상 미국의 고교생과 대학 주니어들이 시험, 에세이 작성, 심층토론 준비를 위해 바이블처럼 애용해온 'CliffsNotes'와 'SPARKNOTES'는 바로 그런 좋은 길잡이의 표본이다. 이 두 시리즈가 원조 논술연구모임인 '일이관지(一以貫之)' 팀의 촌철살인적 해설을 곁들여 〈다락원 명작노트〉로 재탄생해 논술로 고민중인 대한민국 학생 여러분을 찾아간다.

CliffsNotes와 SPARKNOTES의 가장 큰 장점은 방대하고 난해한 고전을 Chapter별로 요약하고 분석해서 원전의 내용에 보다 쉽고 체계적으로 접근하는 신속·간편성이라고 할 수 있다. 여기에 '一以貫之'팀이 원전의 중요한 문제의식, 즉 근원적 '물음'은 무엇이며, 그 '물음'은 오늘날에도 여전히 유효한가, 라는 질문을 다시 던진다.

대입논술로 고민하고, 자칭 타칭의 고전이 넘쳐나는 오늘의 독서풍토에서 지적 정복이 긴박한 대한민국 학생들에게 감히 이 시리즈를 자신 있게 권한다.

一以貫之 논술연구모임 연구실장 이호곤

이 책의 활용법

CliffsNotes와 SPARKNOTES는 방대한 원작을 보다 쉽게 이해할 수 있도록 돕는 안내서입니다. 원작 이해를 돕기 위해 작가와 작품에 대한 배경지식, 그리고 매 장마다 간단한 '줄거리'와 '풀어보기'가 실려 있습니다. '줄거리'를 통해서는 원작의 내용을 명쾌하게 파악함으로써 독서의 즐거움을 느낄 수 있을 것입니다. '풀어보기'에는 원작에 담긴 문학적 경향, 등장인물의 심리상태, 시대상, 주제 등을 설명해 놓았습니다. 비판적 글읽기의 바탕이 되는 요소들이죠. 비판적 글읽기는 소설과 비소설 작품을 막론하고 책을 읽을 때 꼭 필요한 자질입니다.

그 밖에도 작품을 좀더 심오하게 분석할 수 있도록 '마무리 노트', 'Review' 등을 마련해 놓아 독자 여러분의 글읽기를 돕고 있습니다.

CliffsNotes에는 특히 관심을 갖고 읽어야 할 필수요소를 강조하기 위해 다음 네 가지 아이콘을 사용하고 있습니다.

 작품 속에 내재된 주제를 드러내줍니다.

 등장인물의 속내를 알 수 있도록 도와줍니다.

 배경, 분위기, 열정, 폭력, 풍자, 상징, 비극, 암시, 불가사의 등의 요소를 밝혀줍니다.

 단어와 문구의 미묘한 느낌을 감상할 수 있도록 해줍니다.

* 〈　〉는 장편소설, 중편소설, 논픽션, 시집. "　"는 수필집, 단편소설

○ 일이관지(一以貫之) 논술 노트

권말에는 一以貫之 논술팀에서 작성한 논술 노트가 실려 있습니다. 원작을 우리의 삶과 연계시켜 비판적 사고와 논리적 글쓰기의 방향을 제시합니다.

○ 실전 연습문제

실전 연습문제를 통해서는 원작을 바탕으로 출제 가능성이 높은 논점을 함께 숙고해 봅니다.

작가 노트

작가의 생애

성장기

어니스트 밀러 헤밍웨이 Earnest Miller Hemingway는 1899년 7월 21일 일리노이 주 오크 파크에서 태어났다. 형제는 전부 여섯으로, 헤밍웨이는 그 가운데 둘째다. 어머니인 그레이스는 신앙심이 깊고 음악에 소질이 있었다. 아버지 클래런스 에드먼즈 헤밍웨이는 자연과 벗 삼기를 좋아하는 사람이어서 북부 미시건 주의 숲으로 자주 사냥이나 낚시를 다녔다. 헤밍웨이는 어려서부터 아버지를 따라 사냥과 낚시를 했다. 또 방학 때면 어머니와 낸터킷 섬에 가서 지내곤 했는데 그럴 때면 어머니로부터 뱃사람이었던 증조할아버지 알렉산더 핸콕의 이야기를 자주 들었다. 어려서부터 접했던 사냥과 낚시 체험, 그리고 자연 속에서 얻은 교훈들은 나중에 닉 애덤스를 주인공으로 하는 단편 소설들이나 〈노인과 바다 *The Old Man and the Sea*〉 같은 작품을 쓰는 밑바탕이 된다.

오크 파크 고등학교와 리버 포리스트 고등학교 두 곳을 다녔던 헤밍웨이는 교내 신문과 문학잡지 기자로 활동하는 한편 권투, 수영, 축구 등의 운동에도 열심히 매달렸다. 고등학교를 졸업하고 대학에 가지 않은 헤밍웨이는 캔자스 시티 스타 신문의 기자로 사회생활을 시작한다. 나중에는 토론토 스타와 스타 위클리의 기자로 활동하기도 한다. 젊은 시절에 시작한 기자 생활은 헤밍웨이의 문예 창작에 많은 영향을 미쳐 간결하고 절제된 특유의 문체를 확립하는 데 바탕이 된다.

작가적 체험과 문학적 성공

　　제1차 세계대전이 발발했을 때 왼쪽 눈의 시력이 약한 탓에 보충역 판정을 받은 헤밍웨이는 이탈리아에서 군부대들에 초콜릿을 수송하는 적십자 구급차를 몰았다. 그러다가 부상을 당해 밀라노의 적십자 병원에 후송돼 치료를 받던 헤밍웨이는 간호사 아그네스 폰 쿠로스키와 사랑하는 사이가 된다. 그러나 아그네스는 나중에 헤밍웨이가 어리고 미숙하다며 결별을 선언한다. 이 전쟁 체험은 헤밍웨이의 유명한 전쟁 소설 〈무기여 잘 있거라 A Farewell to Arms〉의 중요한 소재가 되는 한편, 다른 전쟁 소설들에서도 나타나는 중요한 주제들을 제공한다. 즉, 제1차 세계대전에서 체험한 전쟁의 잔혹함과 어리석음, 전쟁을 일으키는 원인인 권력 추구와 탐욕스런 물질 만능주의, 전쟁을 미화하는 상투적이고 공허한 말들, 견딜 필요가 있는 것을 견뎌내는 일의 가치 등이 헤밍웨이의 여러 전쟁 소설들에서 부각된다.

　　이렇게 제1차 세계대전을 겪고 난 헤밍웨이는 토론토 스타 위클리의 해외 특파원이 되어 파리로 간다. 셔우드 앤더슨의 소개장을 가지고 거트루드 스타인을 찾아간 헤밍웨이는 그의 소개로 국적을 버린 여러 유명 작가들을 만나 교류하면서 문예 창작의 기량을 쌓는다. 이 시기에 단편소설집 〈우리들의 시대에 In Our Time〉를 출판하는데, 여기에는 미시간을 무대로 한 닉 애덤스가 등장하는 소설들도 몇 편 수록되어 있다. 1923년에는 난생 처음 투우를 보기 위해 스페인의 팜플로냐로 여행을 가는데 이후 4년 동안 해마다 그곳을 찾았다. 이 체험이 밑바탕이 되어 파리와 팜플로냐에서 국적을 버리고 살아가는 사람들을 다룬 〈태양은 다시 떠오른다 The Sun Also Rises〉를 펴내게 된다. 이 책 머리말에서 헤밍웨이는 전에 거트루드 스타인이 자주 했던 말을 그대로 인용한다. 거트루드는 헤밍웨이 세대를 가리켜 "자네들은 잃어버린 세대야"라는 말을 자주 했다. 이 책의 출판을 계기로 '잃어버린 세대'라는 말이 퍼져나갔다. 제1차 세계대전을 겪으면서 인생을 보는 시각 자체가 달라져 삶이란 허망하고 덧없다고 생각하던 세대를 지칭하는 말로서 급속히 유행을 탔던 것이다.

1928년, 헤밍웨이는 플로리다 주 키웨스트에서 먼바다 낚시를 시작한다. 이 해에 아버지가 자살을 한다. 1932년에는 아바나까지 가서 두 달에 걸쳐 청새치 낚시를 하는데 이때의 체험이 〈노인과 바다〉의 밑거름이 된다. 1933년에는 계속해서 쿠바 해안에서 낚시를 하다, 배편으로 파리로 건너가고, 거기에서 다시 아프리카의 수렵 체험을 하기 위해 케냐와 탕가니카로 여행한다. 아프리카의 사파리 체험은 작품 〈아프리카의 푸른 언덕 *Green Hills of Africa*〉의 토대가 된다.

해외 특파원으로 파리에 머물고 있던 헤밍웨이는 스페인 내전이 발발하자 공화군을 돕기 위한 기금 모금에 앞장선다. 1937년에는 종군 기자로 스페인 내전에 참가했던 체험을 바탕으로 쓴 소설 〈누구를 위하여 종은 울리나 *For Whom The Bell Tolls*〉는 베스트셀러가 된다. 공화군 게릴라와 이에 가세한 한 미국 민간인의 이야기를 다룬 이 소설을 통해 파시즘이 침투해 들어가는 스페인의 현실을 모르는 척하고 있는 서방의 민주주의 국가들의 태도를 비판하면서 공화군을 지지해야 할 필요성을 역설했다.

1939년, 헤밍웨이는 쿠바의 아바나 근처 휴양용 농장인 핀카 비지아에 머문다. 마침 이때 제2차 세계대전이 일어나자 미 해군을 위해 자신의 낚싯배 필라를 타고 다니며 쿠바 해안에 출몰하는 독일군 잠수함을 감시하고 추적하는 일을 맡아 수행한다. 1944년, 콜리어즈의 종군 특파원으로 다시 전쟁터로 나간 헤밍웨이는 전쟁에 관한 여러 가지 소식을 전한다. 그런 와중에 파리를 함락시킨 미국 제4보병 사단과 함께 먼저 파리에 입성한다. 프랑스 사람들에게 파파라고 불리던 헤밍웨이는 연합군들이 대대적으로 파리에 입성하기에 앞서 리츠 호텔이 다시 문을 열도록, 특히 호텔 바가 다시 영업을 하도록 했다고 전해진다.

전쟁이 끝난 뒤에는 타임 지의 특파원인 메리 웰시와

결혼하는데 그녀는 헤밍웨이의 네 번째 부인이 된다. 헤밍웨이는 5월에서 12월까지의 짧은 사랑 이야기를 제2차 세계대전의 체험을 바탕으로 전개시킨 소설 〈강을 건너 숲 속으로 *Across the River and Into the Trees*〉를 펴낸다. 이전 작품들에 비해 전쟁의 현실성은 약화시키고 상징성을 강조한 이 소설은 대부분의 평론가들로부터 혹평을 받았다. 그러나 1952년에 발표한 〈노인과 바다〉는 헤밍웨이에게 다시 옛 명성을 안겨주었고, 그로 인해 1953년에는 퓰리처상을, 1954년에는 노벨 문학상을 받게 된다. 노벨상 수상자 선정 위원회는 박력 있는 문체, 능숙한 서술, '폭력과 죽음의 그림자가 드리워진 현실 세계'에서 '선한 편에 서서 싸우는' 사람을 기린 점 등을 선정 이유로 들었다.

1959년 헤밍웨이는 아이다호 주 케첨에다 집을 한 채 마련해 이사를 한다. 여기에서 사는 동안 당뇨병, 고혈압, 우울증 등으로 고생하지만 1960년에는 투우를 보러 열심히 스페인에 찾아다니며 연말에 회갑을 맞이한다. 메이요 병원에서 두 차례나 전기 충격요법 치료를 받지만 별 효과를 보지 못하던 헤밍웨이가 1961년 7월 2일 케첨의 자택에서 엽총으로 자살했다는 소식이 전해지자 세계는 문호이자 위인이었던 그의 죽음을 애도했다.

헤밍웨이가 세상을 떠난 뒤로도 많은 유작들이 출판되었다. 1964년에 간행된 〈이동 축제일 *Movable Feast*〉에는 헤밍웨이가 파리에서 사귀었던 유명한 문인들 가운데 몇 사람을 비방하는 충격적인 내용도 들어 있다. 1970년에 나온 〈만류의 섬들 Islands in the Stream〉은 반 자전적 소설인데, 카리브 해를 무대로 살아가는 한 가정의 가장인 화가가 겪는 고독과 돌연사에 이르는 과정을 담고 있다. 1985년에 출판된 〈위험한 여름 The Dangerous Summer〉은 1960년에 스페인에서 즐겨 보았던 투우를 소재로 하고 있다. 1986년에 출판된 〈에덴 동산 The Garden of Eden〉은 한 남자와 두 여자 사이의 사랑을 다루면서 남성과 여성의 미묘한 성 차이를 섬세하게 묘사하고 있어 과거에 헤밍웨이를 남성성이 두드러진 작가로 분류했던 평론가들로 하여금 여성에 대한 이해 또한 깊었던 작가로 인정하게 만들었다.

냉철한 기자 출신으로 한 평생 문예 창작에 몰두했던 작가라는 인상은 어떻게 보면 과감한 행동주의자의 모습과 어울리지 않을 것만 같지만, 어쨌든 헤밍웨이의 이 두 가지 모습은 문학사에 지워지지 않을 발자취를 남기고 있다. 헤밍웨이 이후 세대들의 관심사는 헤밍웨이 세대의 당면 관심사와 많이 달라졌지만 헤밍웨이의 작품들은 세대를 초월하여 공감을 얻고, 또 찬사를 받고 있다. 예를 들어 월남전의 영향을 받은 베이비 붐 세대는 헤밍웨이의 〈태양은 다시 떠오른다〉 같은 작품을 통해 '잃어버린 세대'와 동질감을 느낀다. 지구촌 경제와 세계적인 환경 파괴 등이 주요 관심사가 될 수밖에 없는 그 이후 세대들은 〈노인과 바다〉 같은 작품에서 드러나는 헤밍웨이의 여러 민족 문화에 대한 존중과 환경 문제에 대한 선각에 경탄한다. 제1차 세계대전과 제2차 세계대전을 겪은 세대들이 이제 대부분 다른 세상 사람이 되어가는 지금, 헤밍웨이의 작품들은 20세기의 문학 유산으로서, 또 미래 세대를 내다본 통찰로서 큰 의의를 지닌다.

작품 노트

작품의 개요

헤밍웨이는 1936년 4월에 에스콰이어 지에 "푸른 바다에서: 카리브 해에서 보낸 편지 On the Blue Water: A Gulf Stream Letter"라는 제목의 짧은 산문 하나를 실었다. 그 산문 속에는 혼자서 조각배를 타고 먼바다까지 나가 거대한 청새치를 잡아가지고 돌아오다, 그 청새치 고기 대부분을 상어에게 뜯어 먹히고 돌아온 늙은 어부의 이야기가 잠시 등장한다. 1939년에 쿠바에 머물던 헤밍웨이는 이 늙은 어부 이야기를 토대로 장편 소설을 구상한다. (이때 구상했던 장편의 다른 부분 이야기, 즉 〈노인과 바다〉의 이야기 이외 부분은 헤밍웨이가 세상을 떠나고 나서 출판된 〈만류의 섬들〉에 나온다.)

1951년 초, 헤밍웨이는 아바나에 있는 자택에서 〈노인과 바다〉를 쓰기 시작했다. 쿠바 대통령 카를로스 프리오 소카라스의 정부는 점점 더 무력한 모습을 보이면서 결국 1952년 미국을 등에 업은 풀젠시오 바티스타에 의해 전복되고, 풀젠시오 바티스타가 새로운 통치자로서 독재 정치를 시작한다. 그러나 그 역시 1959년에 피델 카스트로에게 축출당한다. 1949년에 소련이 원폭 실험을 감행하자 트루먼 대통령 치하에 있던 미국은 소련의 팽창주의 노선을 억제하기 위한 정책을 편다. 유엔 창설을 위한 국제적 노력을 지지하는 한편,

1947년에 트루먼 독트린*을 발표하고, 1948년에 마셜 플랜**을 실시하는 것은 물론 한국 전쟁에도 개입한다. 상원의원이었던 조셉 매카시는 4년에 걸쳐 미국에서 공산주의에 동조하는 정치인이나 유명인들을 철저히 추적하고 고발하면서 반공 이념을 주창한다. 제2차 세계대전 이후 경기가 활성화되는 동시에 인구가 늘면서 미국에는 소비지상주의가 등장한다. 〈노인과 바다〉의 시대적 배경은 1950년 9월이지만 당시의 이런 정치적 상황과는 전혀 관계가 없는 이야기다.

그러나 중편 소설 〈노인과 바다〉는 보편적으로 어느 나라나 겪게 되어 있고, 현재도 개발도상국에서 흔히 보이는 사회경제적 변화라는 문제를 다루고 있다. 1930년대와 1940년대의 쿠바 어촌은 변화의 시기를 맞이하고 있었다. 그 이전의 쿠바 어촌의 모습은 마을 사람들이 강한 공동체 의식으로 대가족을 이루어 자연과 융화하여 옛날 방식으로 고기를 잡아 생계를 해결하는 그런 어촌이었다. 그러나 서서히 그런 의식이 희박해지고, 가족의 유대가 느슨해지는 한편, 돈을 더 벌기 위해 환경 파괴의 악영향 같은 것은 고려하지 않은 채 기계 장비를 동원해 어류를 남획하고, 그것들을 선진국에 파는 영리

---

* **트루먼 독트린**(Truman Doctrine): 트루먼 대통령이 선언한 미국 외교정책에 관한 원칙으로, 공산주의 세력의 확대를 저지하기 위해 노력하며, 독재 정부를 거부하는 여러 나라에 군사적 · 경제적 원조를 제공한다는 요지다.
** **마셜 플랜**(Marshall Plan): 제2차 세계대전 후 서방 세계에 대한 미국의 원조계획으로, 그 목적은 서구 여러 나라의 경제성장을 촉진하고 나아가서 공산주의의 확대를 저지시키려는 것이었다.

추구형 어업에 종사하는 어촌으로 변모해 가고 있었다. 〈노인과 바다〉에서 헤밍웨이는 옛날식으로 고기잡이 하는 것이 바로 자신의 존재 의미이며, 자신의 모든 행동의 규범이며, 자연의 질서라고 믿는 산티아고라는 어부를 그려낸다. 산티아고에 대비되는 인물들로는 미국에 팔려갈 대구 간유 공장에 상어 간을 가져다 팔고, 그렇게 해서 번 돈으로 모터보트와 다른 어획용 기계 장비들을 사고, 고기잡이를 물질적 부를 늘리는 수단으로밖에 보지 않는 실익을 좇는 어부들을 그려내고 있다.

한편, 에인절 케이플런이나 빅포드 실베스터 같은 평론가들은 산티아고 개인의 인생 역정은 인류의 보편적 숙명이라고 할 수 있는 유랑을 상징한다고 지적한다. 산티아고는 스페인 자치령인 카나리아 제도 출생이기 때문에 유럽 문화권 출신이라고 할 수 있다. 그러나 카나리아 제도가 지리적으로 아프리카 북서부 해안에 있어서 산티아고는 아프리카 북서 해안을 자주 여행하였는데, 그런 면에서는 아프리카 문화 역시 산티아고에게 영향을 주었다고 할 수 있다. 스페인에서 상당히 많은 사람이 미주로 이주했듯이 산티아고도 쿠바로 이주한다. 이렇게 보면 산티아고는 미주 사람이자 쿠바 사람이다.(산티아고의 집 벽에 쿠바 가톨릭교회의 주보성인인 코브레의 동정 마리아 그림이 걸려 있는 것으로 보아 산티아고가 비록 이주민 출신이지만 자신을 쿠바 원주민처럼 생각하고 있다는 것을 알 수 있다.) 산티아고는 개인이 지닌 기예를 위해 헌신하고, 자연의 질서 안에서 개인의 역할을 받아들이는 옛 유럽과 아프리카의 가치관을 지니고, 미주로 와서는 개인의 존재 의미를 드높이는 사적이고 자율적인 행동 철학에 따라 살아가는 미주의 가치관과 접목시킨다.

노쇠함, 곤궁, 외로움, 나날이 시들어 가는 생명력 등의 갖가지 어려움 속에서도 자신의 존재 의미와 자긍심을 지키는 한편, 마을이라는 공동체 안에서 자신의 명성을 유지하고, 또 자신이 사랑하기 때문에 소중하게 여기는 모든 것을 전해 주고 싶은 사람들과의 관계를 굳건히 하기 위해 처절할 정도로 애를 쓰는 인물을 주인공으로 등장시켰다는 면에서도 이 소설은 많은 사람의 공감을 자아낸다. 영웅적인 투쟁의 결과, 산티아고 스스로는 잃었던 자부심과 명예를 되찾게 되고, 주위 사람들에게는 정신력의 중요함을 새삼 일깨워준다.

상징적인 연애 이야기와 현대의 전쟁을 대해 진지하게 성찰하는 내용을 담아 1950년에 펴냈던 소설 〈강을 건너 숲 속으로〉에 대해 평론가들이 부정적인 반응을 보이자 헤밍웨이 역시 산티아고와 마찬가지로 다시 한 번 크게 성공하여 잃었던 명예를 회복해야 할 필요가 생겼다. 그리하여 1952년 라이프 지에 〈노인과 바다〉 전문을 게재한다. 이어서 단행본으로 출판된 〈노인과 바다〉는 그 달의 최우수 도서로 선정되는 한편 베스트셀러가 된다. 평론가들로부터 대대적인 호평을 받은 이 작품은 헤밍웨이에게 1953년 퓰리처상을, 1954년에는 노벨 문학상을 안겨주며, 노벨 문학상을 수상한 공로로 미국 예술원 공로상도 받는다. 이 작품은 1958년에 스펜서 트레이시가 주연한 영화로도 만들어졌다.

줄거리

늙은 어부 산티아고는 84일이 지나도록 고기 한 마리 못 잡고 있다. 그래서 사람들은 혼자 가난하게 사는 데다 세상 떠날 날이 얼마 남은 것 같지 않은 산티아고에게는 이제 더 이상 운도 따르지 않는다고 생각한다. 그때문에 산티아고가 일찍이 다섯 살 때부터 고기잡이를 가르쳐 온 마놀린의 부모조차 이 소년이 고기를 더 잘 잡는 다른 어부를 따라나가게 만든다. 그러나 마놀린은 매일 저녁 산티아고가 고기 한 마리 못 잡고 빈손으로 돌아올 때마다 반갑게 맞아주고, 어구들을 산티아고의 집까지 같이 날라주면서 말동무가 되어주고, 먹을 것을 가져다준다.

고기 한 마리 못 잡으며 84일을 보내고 나서 85일째를 맞은 날 아침, 산티아고는 더 먼바다까지 나갈 생각으로 동이 트기도 전에 배를 띄운다. 그렇게 시작한 출어는 예상 밖으로 3일이 걸리고 만다. 엄청나게 큰 고기를 찾아 나섰던 산티아고의 낚시에 정말로 어마어마하게 큰 청새치가 걸린다. 산티아고는 악전고투 끝에 그 커다란 청새치를 낚아 올리는 데 성공한다. 청새치를 조각배 옆에 달아맨 산티아고는 그 믿어지지 않는 현실에 스스로도 놀라워하면서 집으로 뱃머리를 돌린다. 집으로 향한 지 한 시간이 채 못 되어 청상아리 한 마리가 접근한다. 청상아리는 청새치의 살점을 아가리로 크게 한 뭉텅이 뜯어내 산티아고가 고난 끝에 얻은 수확물에 손상을 입힌다. 산티아고는 엄청난 고통을 참아가며 청상아리를 맞아 싸워 결국 작살로 청상아리를 죽이고 그 와중에 작살을 잃는다.

청새치 살점이 뭉텅 뜯겨져 나간 자리에서는 계속 피가 나와 피비린내와 함께 바닷물 속으로 번져나간다. 삽코 상어 떼가 그 냄새를 맡고 몰려든다. 산티아고는 배 안에 남아 있는 것 가운데 무기가 될 만한 것은 닥치는 대로 집어 들고 이 약탈자 무리와 맞서 싸운다. 몸은 부서져 나가는 것 같고, 기력은 점점 떨어져가는 이 싸움에서 산티아고는 가슴께가 찢어져 나가는 듯한 내상까지 입는다. 상어 떼는 결국 청새치를 말끔히 뜯어먹고 사라진다. 산티아고는 상어 떼에게 졌다는 패배감을 안은 채 포구에 닿아 배를 바닷가에 끌어올린다. 어두운 밤이었지만 포구의 거리에서 비쳐오는 불빛에 의지해 살점은 모두 뜯겨 나가고 뼈만 앙상하게 남은 청새치의 모습을 잠시 돌아본 산티아고는 비틀거리며 자기의 오두막으로 발길을 옮긴다. 집에 도착한 산티아고는 탈진하여 간이침대에 엎어지듯 쓰러져 의식을 잃는다.

다음날 아침 산티아고의 오두막을 찾아온 마놀린은 산

티아고가 상처투성이가 된 것을 보고 비명을 지른다. 마놀린은 커피를 가지러 나갔다가 돌아오는 길에 어떤 어부로부터 산티아고가 겪었을 일에 대해 듣는다. 산티아고의 조각배에 매여 있는 청새치의 뼈는 길이가 6미터가 훨씬 넘는다는 것인데, 이 마을 사람들이 그때까지 잡은 고기 가운데는 최고로 큰 놈이었다. 마놀린은 산티아고의 옆에 앉아 있다가 산티아고가 깨어나자 커피를 준다. 산티아고는 마놀린에게 자기가 졌다는 말을 한다. 그러자 마놀린은 산티아고가 결코 그 청새치에게 진 것이 아니라고 위로를 해준다. 그리고는 자기는 이제 운 같은 것에 신경 쓰지 않을 것이고, 산티아고에게 아직도 배워야 할 것이 많기 때문에 다시 한 배를 타고 고기잡이 나가겠다는 말을 덧붙인다.

이날 오후 바닷가가 내다보이는 식당에 앉아 있던 관광객 한 쌍 가운데 여자가 종업원에게 썰물에 밀려 나가려고 하는 저 뼈는 뭐가 어떻게 된 것이냐고 묻는다. 종업원은 상어 때문에 청새치가 뼈만 남게 되었다는 뜻으로 "상어죠"라고 말을 하고, 두 관광객은 그 뼈가 상어 뼈라는 뜻으로 잘못 알아듣는다.

그 시각에 마놀린은 산티아고의 침대 곁을 지키고 있고, 산티아고는 다시 잠 속에 빠져든다. 그리고는 젊어서 아프리카 해안을 돌아다니던 시절에 보았던 사자들의 꿈을 꾼다.

등장인물

산티아고 *Santiago* 　이 중편 소설의 주인공. 고기잡이에 자신의 혼을 싣는 어부로 고기잡이에 대해 알고 있는 모든 것을 마놀린에게 가르쳐준다. 이제 늙은 데다 가난하기까지 하며 84일 동안 고기 한 마리 잡지 못한다.

마놀린 *Manolin* 　마을 청년으로 다섯 살 때부터 산티아고에게 고기잡이에 대해 배우고 함께 고기를 잡았으며 산티아고가 매일 빈손으로 돌아오는 기간 동안 보살펴준다. 산티아고가 계속해서 고기를 못 잡자 좀더 재수 좋은 사람들하고 고기잡이를 나가라는 부모에게 떠밀려 다른 배를 타게 된다.

마르틴 *Martin* 　음식점 '테라스'의 주인. 성 마틴의 스페인 식 이름이기도 하다. 마놀린을 통해 산티아고에게 먹을 것과 마실 것을 보내준다.

로겔리오 *Rogelio* 　마을 사람으로 이따금 산티아고가 그물 손보는 일을 도와준다.

페리코 *Perico* 　술집에서 가끔 산티아고와 마주치는 마을 사람으로 산티아고에게 신문 같은 읽을거리들을 준다. 예수 그리스도의 제자로 어부였던 성 베드로의 스페인 식 이름이다.

청새치 *Marlin* 　길이가 5미터 40센티미터나 되는 청새치로 소설의 무대가 되는 어촌의 어부들이 잡은 고기 가운데 가장 큰 놈.

청상아리 *Mako*　스페인어로는 덴투소라고 불리는 상어로, 크고 날카로운 이빨과 대단한 식성으로 유명하다.

삽코 상어 떼 *Shovel-nosed sharks*　청새치를 다 먹어치우는 도둑 같은 상어 떼. 스페인어로는 갈라노스라고 불린다.

페드리코 *Pedrico*　마을의 어부로 산티아고의 조각배와 어구들을 보살펴주고, 고기들을 유인하는 데 쓰려고 청새치 대가리를 받아간다.

관광객들 *Tourists*　식당에 앉아 있다 바닷가에 있는 청새치의 뼈를 보게 되는 한 쌍의 남녀 관광객. 사연을 설명하는 종업원의 말을 잘못 알아듣고 청새치의 뼈를 상어 뼈로 오해한다.

등장인물 관계도

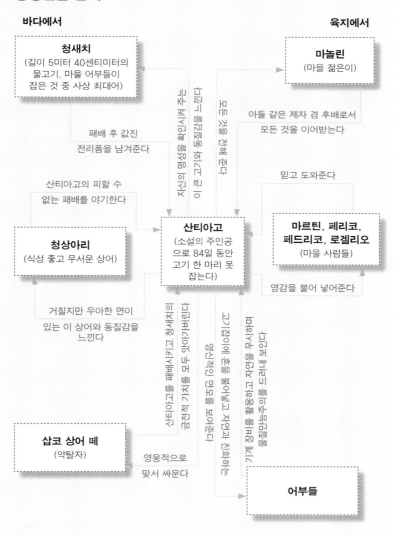

바다에서

육지에서

청새치
(길이 5미터 40센티미터의
물고기. 마을 어부들이
잡은 것 중 사상 최대어)

마놀린
(마을 젊은이)

패배 후 값진
전리품을 남겨준다

아들 같은 제자 겸 후배로서
모든 것을 이어받는다

산티아고의 피할 수
없는 패배를 야기한다

자신의 평생을 확인시켜 주는

이 고기와 동질감을 느낀다

모든 것을 전해 준다

믿고 도와준다

청상아리
(식성 좋고 무서운 상어)

산티아고
(소설의 주인공
으로 84일 동안
고기 한 마리 못
잡는다)

**마르틴, 페리코,
페드리코, 로겔리오**
(마을 사람들)

거칠지만 우아한 면이
있는 이 상어와 동질감을
느낀다

영감을 불어 넣어준다

산티아고를 패배시키고 청새치의

금전적 가치를 잊어가버린다

고기잡이에 흥미를 붙여넣고 자연과 친화하는

자연을 누벼오던 인물들

마을의 젊은 인물들

삽코 상어 떼
(약탈자)

영웅적으로
맞서 싸운다

누군가를 꼭 보여준다

기계 장비를 활용해 고기잡이를

어부들

Part별
정리
노트

제 1 부

준비

: 줄거리

    쿠바의 작은 어촌에 사는 늙은 어부 산티아고는 고기를 잡으러 날마다 바다로 나갔음에도 불구하고 무려 84일 동안이나 고기 한 마리 못 잡고 빈 배로 돌아오곤 했다. 빈손으로 돌아오는 날이 40일째 되었을 때, 산티아고가 다섯 살 때부터 고기 잡는 법을 가르쳐 늘 함께 고기잡이를 나가곤 했던 청년 마놀린의 아버지는 마놀린을 억지로 다른 어부들과 함께 고기잡이에 내보낸다.

    그 뒤로 날마다 그랬지만 이야기가 시작되는 날 저녁때도 마놀린은 바닷가에서 산티아고를 기다리다 배에서 내린 낚싯줄 꾸러미, 갈고리, 돛 등을 산티아고의 오두막집까지 들어다준다. 집으로 가는 동안 마놀린은 전에 둘이서 고기잡이를 나갔을 때 87일 동안 아무것도 못 잡다가 3주 내내 큰 고기들을 잡았던 이야기를 하며 산티아고에게 용기를 북돋워준다.

    집으로 가는 도중 마놀린은 음식점인 테라스에 들어가자고 하여 산티아고에게 맥주를 사준다. 먼저 와 있던 어부들 가운데 몇 사람이 산티아고를 조롱한다. 또 다른 어부 몇 사람은 동정하는 표정으로 자기들이 고기를 잡았던 곳의 조류와 수심, 그 바다에서 본 것들에 대해 겸손한 태도로 이야기해 준다. 이날 고기를 잡은 어부들은 청새치는 집어장(集魚場)에 상어는 상어 가공처리 공장에 가져다주고 나서 이곳에 몰려와 있는 것이다. 마놀린은 산티아고에게 다음날 아침에 정어리를 가져다주어도 괜

찮겠느냐고 묻는다. 처음에 산티아고는 그러지 말고 야구나 하러 가라고 하다가 결국 허락한다. 두 사람은 잠시 지나간 일들을 생각하다가, 다음 날 산티아고가 고기잡이 나갈 일에 대해 이야기한 다음 산티아고의 오두 막집으로 간다. 산티아고의 집에는 먹을거리가 하나도 없기 때문에 마놀 린은 테라스의 주인 마르틴이 공짜로 준 저녁거리를 날라다준다. 마르틴 은 전부터 자주 산티아고에게 거저 저녁거리를 주고는 했다. 산티아고가 저녁을 먹는 동안 두 사람은 야구, 조 디마지오 등 좋아하는 것들에 대해 이야기꽃을 피운다.

다음날 아침 산티아고는 마놀린의 집으로 가 마놀린을 불러낸다. 두 사람은 이른 아침에 커피를 파는 곳으로 가서 함께 커피를 마신다. (이 커 피는 산티아고가 이날 유일하게 섭취하는 음식이다.) 마놀린은 물 좋은 미끼와 정어리를 가져다준 다음, 산티아고를 도와 배를 바다에 내린다. 두 사람이 서로에게 행운을 빌고 나서 산티아고는 노를 저어 나아간다.

·풀어보기

문학적 장치 이 중편 소설의 4분의 1 정도 분량의 이야기는 1950년 9월 12일 화요일 저녁때와 9월 13일 수요일 아침, 쿠 바의 한 작은 어촌 마을에서 펼쳐진다. 이 부분의 이야기는 어 느 한 인물이 아닌 여러 인물의 관점을 드러내는 3인칭 화자 의 서술로 전개된다. 화자의 서술은 마놀린의 생각을 잠시 언 급할 때를 빼고는 줄곧 산티아고와 그의 행동에 집중되어 있 다. 이 앞부분에서 독자는 화자의 설명을 통해 산티아고가 무슨 생각을 하는지 알게 된다. 나중에 바다에서 이야기가 펼쳐질 때는 서술 방식이 바뀐다. 이 앞부분에서 산티아고가 취하는 행동들의 대부분은 이 중편 소설의 중추가 되는 바다 한가운데의 투쟁에 이르는 수요일 아침의 출어를 위한 준비 작업들이다. 그러나 그런 행동들은 산티아고가 늘 되풀이하는 일상적인 행동들로 여겨지는 피상적 현실로 그 성격이 바뀐다. 그렇지만 단순해 보이는 이 부분의 이야기를 통해 헤밍웨이는 이야기가 본격적으로 펼쳐질 무대를 제시하는 한편, 소설의 줄거리에 대해서도 암시를 하고 있다. 뿐만 아니라 이 소설의 여러 가지 주제를 드러내보이는 것은 물론, 이 앞부분의 이야기와 등장인물들을 통해 작가가 전하고자 하는 주요한 생각과 그 주장을 넌지시 비치고 있다.

이 소설은 첫 번째 문단에서부터 이미 종교적 상징과 암시가 그득하다. 마놀린이 산티아고와 함께 고기잡이를 나갔다 40일 동안 허탕치자 마놀린의 부모들은 산티아고에게는 운이 따르지 않는다고 생각하여 마놀린을 다른 어부들과 고기잡이를 나가게 만든다. 이 40이라는 숫자는 노아와 모세의 이야기를 생각나게 한다. 즉, 다른 사람들과 믿음이나 행동이 달라 고독할 수밖에 없었던 데다. 남들의 조소를 받아야 했고, 홍수가 온 세상을 휩쓸었을 때 방주 안에서 어려운 시기를 겪어내야 했던 노아의 처지가 산티아고와 비슷하다는 것이다. 또한, 하느님께서 약속하신 땅까지 이스라엘 사람들을 이끌고

가서 그 땅을 자기 눈으로 확인하기는 하지만 스스로는 그 땅
에 들어가서 살 수 없었던 모세의 신세 역시 산티아고의 나중
신세와 비슷하다. 마찬가지로 마놀린이 다른 어부들과 고기잡
이를 나간 첫날 세 마리를 잡았다는 이야기는 이스라엘 사람
들이 광야에서 떠돌 때 3일 동안 먹을 물이 없어 고생하다 모
세가 바위를 지팡이로 쳐서 물을 솟아나게 한 덕분에 죽을 고
비를 넘겼다는 이야기나, 삼위일체의 신앙, 예수 그리스도가
빵 몇 덩이와 물고기 몇 마리로 수천 명이나 되는 사람들이 한
끼를 먹을 수 있게 했다는 이야기를 생각나게 한다. 어부 출신
으로 예수 그리스도의 제자가 된 야고보를 스페인어 권에서는

산티아고라고 부른다. 산티아고를 친절하게 대하는 등장인물들의 이름 페리코와 페드리코(성 베드로를 스페인어 권에서는 페리코나 페드리코라고 부른다.), 마르틴(성 마틴) 역시 예수 그리스도의 제자, 혹은 신심 깊은 가톨릭 성인의 이름이다. 산티아고의 오두막집 벽에는 쿠바 가톨릭교회의 주보성인인 코브레의 동정 마리아 초상이 걸려 있다. 마놀린이라는 이름 역시 구세주라는 뜻의 임마누엘을 스페인어 권에서 부르는 마누엘의 애칭인데, 이 이름이 지니고 있는 의미는 소설 끝부분에 가서 분명하게 드러난다.

어빈 웰즈나 필립 영을 비롯한 여러 평론가들은 이런 종교적 상징과 암시는 가톨릭 신앙이 생활 속에 뿌리내리고 있는 쿠바의 현실에서 볼 때 지극히 자연스러운 것일 뿐 가톨릭이라는 종교에 대한 편협한 애착이나 교조주의와는 거리가 멀다고 지적한다. 이런 종교적 상징이나 암시는 유명한 야구선수에게 열광하고 야구 기록 등에 밝은 쿠바 사람들의 야구열이나, 복권 같은 요행수에 몰입하는 쿠바인들의 정서에 대한 상징이나 암시와 같은 맥락에서 이해해야 한다는 것이다. 첫 문단에서 드러나듯이 이런 종교적 상징이나 암시는 세속적인 것을 거룩한 것으로 변화시키는 한편, 신앙심이 운에 대한 믿음과 하나 되게 만든다.

예를 들어 산티아고가 양키즈가 이겼어야 하는 시합을 놓쳤다는 이야기를 하고, 마놀린은 양키즈가 다른 팀에 또 질

까봐 겁이 난다는 말을 하는 장면에서 헤밍웨이는 바로 쿠바 사람들의 신앙심과 야구에 대한 열정이 하나가 되어 드러나게 한다. 야구 이야기가 바로 종교적 가르침으로 이어지는 것이다. 즉, 산티아고는 두려움을 떨쳐버리고 믿음을 가지라고 이렇게 말한다. "조심하거라. 그렇지 않다가는 신시내티 레즈나 시카고 화이트 삭스 같은 팀들한테도 겁을 먹게 되겠다." 사실 신시내티 레즈는 뉴욕 양키즈가 속해 있는 아메리칸 리그 소속이 아니라 내셔널 리그 소속이기 때문에 두 팀 사이의 시합이라는 것이 있을 수 없는데도 산티아고가 일부러 이렇게 말한 까닭은 두려운 마음을 갖는 것은 합리적인 태도가 아니라고 일깨워주고 싶기 때문인 것이다. 두려워하면 믿음이 약해진다는 말을 하고 싶은 것이다.

주제 탐색 신앙과 세속을 구별하지 않는 이런 태도는 결코 불경스러운 것도 아니고 신성 모독도 아니다. 종교와 마찬가지로 야구나 요행수에도 어떤 의식이 있다. 뿐만 아니라 이 소설에서 무척 중요하게 다루는 희망, 꿈, 믿음, 몰입, 결의 등을 낳아 사람들로 하여금 자신을 초월하게 하는 공통점이 있다. 따라서 첫 문단에서부터 드러나는 종교적 상징과 암시는 인간이 처한 현실에서 이룩할 수 있는 변화와 보다 심오한 영적인 세계라는 주제를 보여주고 있다. 즉, 인간은 꿈을 지니고, 육체적 고통을 견뎌냄으로써 고난에 맞서거나 고난을 초월할 수 있는 힘을 얻게 된다는 주제를 암시하고 있는 것이다.

문학적 장치 곤궁한 처지의 한 늙은 어부의 이야기, 그 어부가 한 소년을 사랑하고 그 소년 역시 늙은 어부를 사랑한다는 이야기, 그 늙은 어부가 커다란 고기를 낚아 끌고 오면서 여러 가지 어려움을 겪는다는 이야기가 이 소설의 겉으로 드러난 사실인데, 그 표면적 사실의 배후에서 중심 주제가 빛을 발하고 있다. 이 소설의 핵심이 되는 위의 이야기들을 헤밍웨이는 결코 소홀하게 다루지 않았다. 오히려 이런 이야기들은 전하고자 하는 주제로 말미암아 다양한 의미를 포함한 비유로까지 발전해서 겉으로 드러나는 사실적 의미는 하나지만 내면적으로는 복합적인 의미를 지닌다. 그러한 효과는 예로부터 전해 내려오고 누구나 공감할 만한 이야기, 즉 여러 민족의 신화, 성서, 그리스 로마의 고전, 그리고 후기 현대 문학에서도 쉽게 찾아볼 수 있는 이야기를 통해 나타낸다. 바꾸어 말해서 이 작품은 겉으로 드러난 사실 속에 담긴 여러 의미를 찾아 읽으라고 권할 뿐 아니라 그렇게 하지 않을 수 없게끔 만든다.

소설 앞부분에서 드러나는 산티아고에 대한 묘사는 중심 주제를 뒷받침하는 동시에 단순해 보이지만 정교한 솜씨로 펼쳐나가는 줄거리를 예상할 수 있게 한다. 산티아고가 입고 있는 셔츠는 그가 타고 다니는 조각배의 돛과 마찬가지로 하도 덧대어 꿰매서 원래 바탕천의 모습을 찾아보기가 어려울 지경이다. 그는 오랜 세월 장시간의 노동을 하며 힘들게 살면서도 제대로 먹지를 못해 마르고 여위었다. 게다가 한평생 열대의 바다에서 태양 빛에 그을려 얼굴과 손에는 검버섯이 잔뜩 피고 여기저기 기미가 낀 데다 목덜미 뒤에는 주름이 잔뜩 잡혀 있으며, 손에는 무거운 고기를 낚싯줄로 잡아 올리다 생긴 상처투성이다. 그것들은 '고기 없는 사막의 침식작용만큼 오래된' 상처들이다. 여기, 한물 간 가난한 어부가 있다. 자식도 없고, 아내는 먼저 세상을 떠난 외로운 노인. 마을 사람들이 그를 존경하는 이유이며 그의 존재 의미이자 자부심의 원천인 고기잡이가 뜻대로 되지 않아 여러 날 동안 고기 한 마리 못 잡고 지내기도 하는 늙은 어부. 산티아고 역시 곤경을 겪는 욥처럼 많은 시련을 겪어온 인물인 것이다.

헤밍웨이의 작품들에 등장하는 주인공들 모두가 비범한 면이 있지만 산티아고는 그 가운데서도 단연 빼어난 인물이다. 그는 행동하는 인물로서 고난을 겪으면서도 자신의 믿음에 따라 산다. 마놀린이 요즈음 함께 고기잡이 나가는 다른 어부들과는 달리 산티아고의 눈이 아직 좋다고 이야기하자 산티아고는 자신을 '이상한 늙은이'라고 말한다. 그가 몸담고 사는 사회의 사람들과는 많이 다르다는 점에서 볼 때 그는 확실히 이상하다. 산티아고는 자신의 원칙(내면의 행동 철학)에 충실하며, 고기잡이를 밥벌이나 돈벌이 수단으로 보지 않고 혼을 쏟아 붓는다. 헤밍웨이에게조차 산티아고는 별난 데가 있는 인물이다. 마놀린이 산티아고에게(산티아고는 돈키호테와 비슷한 면도 있다.) 물 좋은 미끼를 가져다줄 테니 가지고 가라고 억지로 떠맡기려고 할 때 산티아고는 체면 때문에 거절하다 결국 그렇게 하겠다며 '고맙다'고 말한다. 스스로를 남만 못하다고 생각해서가 아니라 순박해서 겸손하게 처신하지만 그런 사실 자체를 의식하지 못한다. 다만 이번에는 미끼를 구해 주겠다는 마놀린의 고집에 져서 뜻을 굽혔지만 그것이 그토록 창피한 일도 아니고 진정한 자부심이 손상당한 것도 아니라는 사실을 알고 있다.

인물탐색 ▶ 그러나 떡 벌어진 어깨에서는 힘이, 바다색 같은 눈에서는 '생기와 불굴의 의지'가 여전히 느껴진다. 산티아고에게는 '참 지혜'가 많이 있으며 '결의'가 넘친다. 그의 정열과 이상은 보통 노인들에게서는 찾아볼 수 없는 특징이다. 참 지혜를 체득한 탓에 눈에서는 생기와 불굴의 의지가 묻어난다. 초월능력 같은 참 지혜는 고기잡이 솜씨보다 더 중요한 의미를 갖는다고 할 수 있다. 그 같은 정신적 능력과 자신감은 신앙, 야구, 요행수, 젊은 시절의 추억, 아니면 마놀린에 대한 사랑 등에서 기인하는 것일지 모른다. 하지만 그것이 어디에서 기인하든 산티아고는 희망과 꿈, 믿음, 몰입, 결의 등이 자신은 물론 타인 안에서도 힘차게 살아 움직이도록 함으로써 궁극적으로 모두의 자아가 성숙하고 발전하게 한다.

문체탐색 ▶ 이 현실적인 이야기가 상징적인 비유의 이야기도 되기 때문에 산티아고와 마놀린 역시 인간이라는 존재에서 드러나는 의식의 보편성과 현실적 유사성에서 어떤 인물들의 전형으로 보일 수 있다. 산티아고는 노인이며 스승인 동시에 정신적인 아버지이고, 마놀린은 소년이자 학생이면서 아들이다. 그들은 산티아고의 체면 때문에 있지도 않은 일을 사실처럼 말한다. 집에 먹을거리가 없으면서도 산티아고는 있다고 말을 하고 마놀린은 사실을 알면서도 있는 것으로 인정해서 다음 대화를 이어나간다. 팔아먹은 투망도 있는 것처럼 말하고, 복권을 사기 위해 돈을 꾸자는 이야기 등은 모두 그런 맥락이다. 두 사람의 대화는 교리 교육이나 종교적 가르침 같은 틀과 흐름 속에서 이어진다. 산티아고에게 마놀린과의 유대는 마지막 남은 가장 소중한 인간관계다. 마놀린은 자연의 질서 안에서 그의 분신으로 남을 존재다. 고기잡이의 모든 기예, 그리고 그의 이상과 추억에서 나온 정신력을 전수해 주고 싶은 존재다.

그런 이유 때문에 산티아고는 잠을 잘 때 더 이상 '폭풍우나 여자, 커다란 사건, 큰 물고기, 싸움, 힘 자랑, 죽은 아내' 등의 꿈을 꾸지 않는다. 인생의 도전이나 모험 같은 것들은 이제 대부분 산티아고와는 거리가 멀다. 마놀린은 산티아고가 결코 알 수 없는 미래에 속하는 세대이기 때문에 마놀린 꿈도 꾸지 않는다. 그 대신 마놀린의 나이 때 배를 타고 아프리카 해안을 항해하면서 바닷가에서 보았던 젊은 사자들의 꿈을 꾼다. 그는 마놀린만큼이나 젊은 사자들을 좋아한다. 예전의 자신과 지금의 마놀린으로 여겨지기 때문이다.

예로부터 사람들은 사자를 동물의 왕이라고 일컬었다. 따라서 젊은 사자는 용기, 힘, 우아함, 위엄 등의 자질을 상징한다. 젊은 시절 한때 팔씨름 챔피언이었던 추억을 소중히 간직하고 있는 산티아고는 젊은 사자의 이런 자질들을 마놀린에게 물려주고 싶어한다. 나이 든 세대가 지닌 동물 종족의 총체적 지식 전부를 젊은 세대에게 물려주려고 하는 노년이 바로 산티아고인 것이다. 그는 젊은 시절을 회상하며 그 젊음을 새로운 세대의 열정 속에 더해 주려고 하는 노년의 인물이다. 젊은 사자는 또한 그가 죽음으로 인한 사멸을 뛰어넘게 된다는 의미도 전하고 있다. 젊은이가 결국은 늙은이가 되는 자연의 순리 속에서 사멸을 뛰어넘는 유일한 길은 젊은 세대에게 무엇인가를 남기고 가는 길뿐이다.

이 소설의 문체는 역작다운 개성을 지니고 있다. 헤밍웨이는 가급적 말을 줄여 최소한의 낱말들로 최대의 의미를 전하려고 했는데, 물고기가 물에서 튀어나왔다 다시 물속으로 들어가고 나면 그 뒤로 물결이 퍼져나가듯 겉으로 드러난 표현 속의 의미가 점점 더 확대되는 특징을 보이고 있다. 이를 테면, 이 중편 소설의 중심 주제를 전달하기 위해 주인공의 확고한 신앙심과 운에 대한 믿음을 결합시키는 것 이외에 또 다른 방식들을 활용하고 있다. T.S. 엘리엇*이나 제임스 조

---

* **T.S. 엘리엇**(Thomas Stearns Eliot, 1888~1965): 미국 태생의 영국 시인·평론가·극작가. 1948년에 노벨 문학상을 수상했다. 대표작 〈황무지 *The Waste Land*〉.

이스*도 즐겨 썼던 이 기법은 역사적이고 사실적인 자료들을 이용해 이야기에 흥미를 더하는 한편 주제가 서서히 드러나게 한다. 어제 신문을 보고 난 산티아고가 마놀린에게 야구 이야기를 한다.

> 노인은 기분이 좋아 이렇게 말한다. "내가 말했었지? 아메리칸 리그에서는 역시 양키즈다."
> 그러자 젊은이가 이렇게 받는다. "그렇지만 오늘은 졌어요."
> "그건 중요하지 않다. 디마지오가 잘했다는 게 중요한 거야."

디마지오에 대한 이런 식의 언급은 산티아고의 깊은 신앙심과 '큰 고기가 몰려오는 달'에 바다에서 펼쳐질 그의 투쟁을 예고하는 것뿐만이 아니다. 헤럴드 헐리나 빅포드 실베스터 같은 평론가들은 이 야구 이야기가 9월 어느 날의 이야기인지 옛 자료들을 뒤지기도 했다. 이 같은 날짜들을 통해서는 이 소설의 시간적 배경이 되는 해의 쿠바의 문화적·경제적·사회적 상황을 추론할 수 있다.

그런가 하면 마놀린이 야구선수 딕 시슬러에 대해 한 말을 가지고 마놀린의 나이가 스물두 살이라고 계산해낸 평론

---

* **제임스 조이스**(James Joyce, 1882-1941): 아일랜드의 소설가이자 시인. 20세기 문학에 커다란 변혁을 초래한 작가다. 대표작 〈더블린의 사람들 Dubliners〉, 〈율리시스 Ulysses〉 등.

가들도 있다. "시슬러의 아버지는 가난하지도 않았고 제 나이 때 벌써 메이저 리그에서 뛰고 있었어요." 마놀린은 산티아고 의 애정 어린 시각으로는 아이처럼 보이기도 하고, 결혼 이전 의 젊은 사내를 그렇게 부르는 스페인어 권의 전통 때문에 이 소설에서는 '그 소년(the boy)'이라고 칭하고 있지만 사실은 청년이다. 결코 어린아이가 아닌 산티아고의 제자로서 기예와 믿음을 이어받아 그를 대신할 젊은이인 것이다. 그뿐 아니라 산티아고도 인정하듯이 마놀린은 부모를 잘 모셔야 할 남의 집 다 큰 아들이다. "네가 내 아들이라면 같이 가서 도박을 할 텐데… 하지만 네가 남의 자식이니 내 마음대로 그럴 수도 없 고, 게다가 요즈음 너는 운 좋은 사람들하고 함께 고기잡이를 나가니 더더욱 내 생각대로 할 수가 없구나."

　　이 소설의 앞부분에서 헤밍웨이는 부수적 주제들을 등 장시켜 중심 주제를 부각시킨다. 집어장(集魚場)과 상어 가공 처리 공장에 대해 간단히 묘사한 부분을 보자.

　　이날 고기를 잡은 어부들은 이미 포구로 돌아와 잡아온 청새 치를 죽여서는 청새치 몸통이 다 올라가는 두 쪽의 커다란 널빤지에 청새치를 올려놓은 다음 널빤지 양쪽 끝을 한 사람씩 붙들어 잡고 청새치의 무게 때문에 중심을 잡으려고 휘청대며 집어장까지 들고 갔다. 그리고는 아바나 시장까지 청새치들을 실어갈 얼음 트럭을 기 다렸다. 상어를 잡은 어부들은 만 반대쪽에 있는 상어 가공처리 공장까지 상어들을 날랐다. 이 공장에서는 도르래로 움직이게 되어 있는 밧줄 한쪽 끝에 상어를 달아맨다. 그런 다음 간을 빼내고, 지느러미를 잘라내고, 껍질을 벗기고 나서 살점을 기다랗게 썰어 소금에 절인다.

바람이 동쪽에서 불 때면 상어 가공처리 공장에서 나는 냄새가 포구 쪽으로 퍼져 나간다. 그러나 오늘은 바람이 북쪽에서 불다 그쳤기 때문에 그 냄새가 희미하다…

주제 탐색 ▶ 잡혀온 청새치와 상어가 처리되는 과정을 보여주는 이 묘사는 산티아고가 맞게 될 투쟁을 예고하는 한편, 자연의 질서와 그 질서 안에서 인간이 수행하는 역할이라는 주제도 드러내고 있다. 산티아고와 마놀린의 관계가 사람은 젊은 시절을 거쳐 결국 늙는다는 인생의 순환을 보여주듯이 청새치와 상어 처리 과정은 살아 있는 모든 것은 결국 먹고 먹히는 관계라는 이야기를 하고 있다. 이런 관점에서 보면 고기잡이 하는 능력에 의지해 자기 일에 전념하는 산티아고 같은 어부들도 자연 질서의 일부다.

빅포드 실베스터를 위시한 많은 평론가들은 이 부분의 묘사가 변해가는 쿠바의 사회·경제적 상황(북쪽에서 풍겨오는 냄새)과 고기잡이가 예전과 달리 자연에 대한 약탈적 성격으로 변질되는 모습도 보여주고 있다고 지적한다. 이 같은 상황은 구식과 신식 경제체제 사이의 갈등, 즉 돈만 벌면 그만이라는 생각으로 기계 장비에 의존해 고기를 잡는 어부들과 인간에게는 정신적인 면이 더 중요하다고 생각하며 옛날식 고기잡이를 자연 질서에 순응하는 길로 이해하고 헌신하는 어부들 사이의 갈등을 초래한다.

이런 관점에서 보면 '믿음이 부족'하기 때문에 마놀린 더러 고기를 잘 잡아오는 배에 같이 타고 나가 고기를 잡아오라고 떠미는 마놀린의 아버지, 마놀린이 요즈음 함께 고기잡이 나가는 배의 '거의 눈이 먼' 어부, 음식점인 테라스에서 산티아고를 조롱하는 젊은 어부들은 모두 물질 만능주의적인 시각에서 발전이라고 일컫는 것에 열중하는 실리적인 사람들이다. 반대로 산티아고, 마놀린, 산티아고를 존중하는 나이 든 어부들, 그리고 산티아고에게 먹을거리나 신문 등을 주는 상점 주인들은 모두 옛날식을 계승하고, 사람의 정신을 고상하게 하는 것과 물질적인 가치를 초월하는 것들에 헌신하는 이상주의자들이다.

출어

아직 어두운 이른 새벽, 산티아고는 홀로 노를 저어 바다로 나아간다. 역시 바다로 나가는 다른 배들 소리도 들리지만 어두운 탓에 모습은 보이지 않는다. 그는 해초들이 인광을 발하는 깊은 우물이란 곳 위를 지나간다. 이런 곳에는 물고기뿐만 아니라 다른 종류의 바다 생물들이 많이 몰려 있다. 날마다 허탕을 치는 동안 산티아고는 이런 곳에서도 고기를 잡으려고 해보았지만 허사였다. 그래서 오늘은 정말 큰 고기를 찾아 먼바다까지 나갈 생각이다.

산티아고는 노를 저으면서 친구처럼 여기는 날치들이 파닥이며 나는 소리를 듣는다. 그리고는 먹고 살기 위해 고기를 잡아야 하고 아름답지만 잔인한 바다에도 맞서야 하는 연약한 바닷새들에게 연민을 느낀다. 산티아고는 상어 간을 팔아 장만한 모터보트를 타고 고기잡이에 나서고, 낚싯줄을 부이에 달아매 띄워놓는 젊은 어부들과 자신의 차이에 대해서도 생각해 본다. 산티아고는 바다라는 말을 할 때 여성형 정관사를 써서 애정을 담아 라 마르(la mar)라고 하는 반면에, 그 젊은 어부들은 남성형 정관사를 써서 엘 마르(el mar)라고 한다.

산티아고는 큰 힘 들이지 않고 노를 젓는다. 조류의 흐름을 타고 노를 저으면 바닷물을 거슬러 저을 때의 3분의 2 정도만 힘을 들여도 된다. 산티아고는 낚싯줄의 간격을 조절하여 미끼를 늘어뜨린다. 이때 낚싯바늘

은 미끼 속에 완전히 감춰 고기에게는 좋은 냄새와 맛만 느껴지도록 만든
다. 마놀린이 사다준 날개다랑어들도 미끼로 쓰고, 전부터 계속 쓰던 큰
파란 전갱이와 노란 숫연어가 달린 줄에는 정어리들을 달아매 냄새도 풍
기면서 고기들 보기에 먹음직스러워 보이게 한다. 그리고는 낚싯줄을 하
나하나 녹색 칠을 한 막대기 끝에 매어 미끼를 건드리기만 해도 막대기가
물속에 잠기게 해놓고, 필요할 경우 500여 미터 이상 풀어줄 수 있는 낚
싯줄 사리에 연결시킨다.

　　고기잡이를 할 때 그 누구보다도 낚싯줄을 팽팽하게 늘어뜨릴 수 있
다는 데 산티아고는 자부심을 느낀다. 사실 다른 어부들은 낚싯줄이 조류
에 들뜨게 하는 경우도 있다. 산티아고는 그렇게 정확한 솜씨에도 불구하
고 자기에게는 더 이상 운이 따르지 않는 현실을 수긍한다. 그러나 곧 하

루하루가 새로운 날이라고 생각하고는 운이 따라주면 좋겠지만 할 일은 제대로 하고 기다려야 행운이 닥칠 경우에 붙잡을 수 있다고 스스로를 타이른다. 또 이른 아침에 바다에서 떠오르는 태양이 한평생 자기 눈에 영향을 미쳤지만 그래도 아직 멀쩡하고, 저녁에 지는 해 정도는 똑바로 쳐다보고 나서도 눈이 침침해지지 않는다는 사실을 되새긴다.

산티아고는 앞쪽 하늘에서 군함새 한 마리가 빙빙 돌며 나는 것을 본다. 그 군함새는 바닷물 속에 있는 날치 떼를 보고 그 위를 선회하는 것이며, 날치 떼는 커다란 돌고래 무리에 쫓기고 있다는 사실을 경험으로 알 수 있다. 산티아고는 자연 속의 현상들을 읽어 새들을 따라가며 고기잡이를 한다. 그러나 산티아고에게도 새에게도 운이 따르지 않는다. 날치 떼가 돌고래 무리의 추격에서 벗어날 가능성은 희박하지만 워낙 빨리 움직이기 때문에 새로서는 사냥하기가 쉽지 않다. 돌고래 무리도 덩달아 빨리 헤엄치며 날치 떼를 쫓는 바람에 산티아고도 따라가지 못하고 점점 거리만 벌어진다. 무리에서 처지는 돌고래가 있을지도 모른다는 희망을 품어보지만 돌고래들은 더욱 멀어져 갈 뿐이다.

산티아고는 바닷물 속에서 떠다니는 고깔해파리를 유심히 보며 창녀라고 혼잣말을 한다. 해파리의 촉수 사이에서 작은 물고기들이 헤엄치고 있다. 고기들은 해파리의 독에 면역력이 있지만 사람은 그렇지 않다는 생각을 한다. 지금까지 고기잡이를 하면서 산티아고는 해파리에 쏘여 손에 여러 번 상처를 입었다. 고깔해파리의 무지갯빛 아름다움은 최고의 사기라는 생각을 한다. 그때문에 산티아고는 바다거북들이 고깔해파리를 잡아먹는 모습과 폭풍우가 그친 다음 바닷가에 밀려온 해파리들을 굳은 살 박힌 발로 밟아 탁 하는 소리가 나게 터뜨려 죽이는 것을 좋아한다.

산티아고는 예전에 바다거북을 잡으러 다니던 때를 떠올리며 사람들이 바다거북에게 모진 짓을 한다는 생각을 한다. 바다거북은 몸통을 쪼개서 죽여도 심장이 몇 시간씩이나 계속 뛴다. 산티아고는 자기 손발과 심장도 바다거북과 같다고 생각한다. 산티아고는 큰 고기들이 몰려오는 가을에 건강한 몸 상태를 유지하기 위해 가을이 되기 전에 바다거북 알들을 먹어두고, 어부들이 어구를 보관하는 오두막에 있는 상어의 간유를 마신다. 거기에 있는 상어의 간유는 아무나 마실 수 있지만 맛이 아주 안 좋기 때문에 어부들은 대개 마시려고 들지 않는다. 산티아고는 늘 이른 아침에 일어나야 하는 어부살이의 고달픔보다 더 쓰고 고약한 맛은 세상에 없다고 생각하는 데다 정력에도 좋고, 눈에도 좋고, 감기나 독감 예방에도 좋기 때문에 자주 마신다.

산티아고가 머리 위쪽에서 빙빙 돌며 나는 새를 다시 한 번 쳐다보고 시선을 거둘 때 참치 한 마리가 바닷물 속에서 솟구쳤다 물속으로 들어가는 모습이 보인다. 뒤이어 5킬로그램쯤 나가는 날개다랑어 한 마리를 낚아 올린 산티아고는 배 안에서 요란하게 퍼덕거리는 고기의 고통을 덜어주기 위해 대가리를 두들겨 패 반쯤 죽여준다. 산티아고는 그 고기를 쳐다보며 좋은 미끼감이라고 큰소리로 말하다가 바다에서 혼잣말을 하는 자신의 습관에 대해 생각해 본다. 이 습관은 마놀린이 산티아고의 배를 떠나고 난 다음에 시작되었다. 산티아고는 전에는 마놀린과 꼭 필요할 때나 혹은 밤에 폭풍우 때문에 배가 오도가도 못할 적이 아니면 결코 바다에서 말을 하지 않았던 기억을 떠올린다. 어부들은 대개 바다에 나가면 꼭 필요한 말 아니면 하지 않는 것을 미덕으로 여기는데 산티아고 역시 마찬가지다. 그러나 이제는 아무에게도 방해가 되지 않기 때문에 이따금 이렇게 혼잣말을 한다. 남들이 이런 모습을 보면 혹시 미쳤다고 여길지도 모르겠지만 남들이야 어떻게 생각하든 자신은 멀쩡한 데다, 형편이 넉넉한 어부들은 야구 중계를 들으려고 배에다 라디오까지 싣고 나오는 지경이니 이 따금 혼잣말을 하는 것은 문제될 게 없다고 생각한다.

산티아고는 '천직'이라고 믿는 고기잡이에 정신을 집중하는 대신 야구 같은 잡생각을 한 것에 대해 자책한다. 그리고는 오늘 본 것들에 대해 생각해 본다. 지금까지 본 고기들은 전부 빠르게 헤엄치며 북동쪽으로 이동하고 있었는데 날씨가 나빠질 조짐인지, 아니면 다른 이유 때문인지 정확히 알 수는 없다. 정말 먼바다까지 나온 탓에 육지는 전혀 보이지 않고 높은 산의 봉우리 정도만 수평선 위로 희끗희끗 보일 뿐이라는 사실도 깨닫는다. 등에 내리쪼이는 햇살 때문에 산티아고는 잠시 눈을 붙이고 싶은 유혹을 느낀다. 낚싯줄을 발가락에 감아 놓으면 고기가 걸린 것을 알 수 있기 때문에 잠시 자지 못할 이유는 없다. 그러나 곧 84일 동안이나 고기 한 마리 못 잡고 85일째를 맞은 오늘은 "기필코 제대로 고기잡이를 해야 한다"고 생각한다. 이때 찌 역할을 하는 녹색 막대기 하나가 물속으로 깊이 잠긴다.

· 풀어보기

문학적 장치 ▸ 이 중편 소설은 배경 면에서 볼 때 세 부분으로 나뉘어진다. 육지에서 바다로 고기잡이 나갔다가 다시 육지로 돌아오는 산티아고의 되풀이되는 여정의 무대인 육지와 바다, 그리고 다시 육지가 무대가 되어 이야기가 펼쳐진다. 그 여정은 인생살이의 반복적인 모습은 물론 계절의 변화나 모든 생명체가 먹이 사슬이란 고리로 연결되는 자연 속의 순환을 암시한다. 이 소설의 중간 부분인 바다에서 벌어지는 이야기가 가장 많은 분량을 차지하면서 주인공의 중추적인 활동이 극적으로 전개된다. 그러나 그 극적인 투쟁의 의미를 제대로 이해하려면 출어하기 전 육지에서 전개되는 세세한 상황들과 사실적 묘사를 잘 알고 넘어가야 한다.

산티아고가 혼자 배를 타고 바다로 나아가는 데서부터는 육지에서 일어나는 일을 설명하던 3인칭 화자의 서술 방식에 약간의 변화가 나타나 바다에서 이야기가 전개되는 동안 계속 지속된다. 이 부분에서 화자인 헤밍웨이의 시각은 산티아고에게 한층 더 다가가 산티아고의 생각을 묘사하는 부분이 점점 많아지면서, '그는 생각했다'나 '그는 말했다' 같은 일상적인 서술 방식을 쓰기도 하고, 산티아고가 입 밖으로 한 말에는 따옴표를 쓰기도 한다. 마놀린이 산티아고의 배에서 떠난 뒤로 산티아고가 바다에 나오면 혼잣말을 하는 습관이 생긴 것에 대해 산티아고가 직접 설명하고 용납하는 이야기에서도 이 서술 방식을 사용한다. 때로는 화자가 산티아고의 머릿속으로 들어가 1인칭의 내면적 독백이 되기도 하고, 산티아고가 입 밖으로 하는 말에 따옴표를 붙이지 않는 경우도 있다.

인물탐색 바다를 무대로 한 이야기의 전반부는 분량으로 보아 육지에서 전개되었던 이야기의 절반 정도밖에 안 되지만 본격적으로 펼쳐질 주인공의 투쟁에 대비해 단순히 긴장감을 조성하는 이상의 역할을 한다. 여기에서 헤밍웨이는 산티아고가 어부로 살아오면서 한평생에 걸쳐 갈고 닦은 고기잡이 실력, 일에 헌신하는 태도, 고난에 맞서는 데 필요한 정신력과 이상을 추스르고 갈무리하는 내면의 힘 등을 보여준다. 여기에서 독자는 비록 한창때를 지나기는 했지만 산티아고는 여전히 주도적으로 책임을 떠맡는 사람이며, 어부로서의 능력을 지닌데다 어부로서 무엇을 해야 할지를 아는 고기잡이의 달인이라는 점을 깨닫게 된다. 그리고 한평생 바다에서 맞이한 아침 햇살 때문에 눈이 많이 상하는 등 고난과 역경 속에서도 이상과 꿈을 꿋꿋하게 간직하고 있는 인물이라는 사실도 알게 된다.

주제탐색 헤밍웨이는 이 부분에서 산티아고와 자연의 관계, 그리고 산티아고 같은 어부들 모두가 받아들이는 자연 질서 안의 숙명을 극적으로 드러내보인다. 그런가 하면 산티아고의 행동 철학을 다른 어부들의 행동 철학과 대비시켜 보여준다. 한 마디로 헤밍웨이가 이 부분에서 보여주는 세세한 부분에 대한 설명적 묘사와 독자에게 알려주는 내용들은 이 소설이 전하고자 하는 의미가 증폭되어 나가는 데 크게 기여한다.

산티아고는 '물살을 거슬러' 노를 저으며 육지와 사람 사는 세상을 뒤로 하고 홀로 바다로 나아간다. "노인은 먼바다로 나갈 생각으로 땅 냄새를 뒤로 한 채 이른 아침 맑은 바다의 냄새 속으로 노를 저어 간다." 삶의 굴욕을 육지에 버려두고, 사랑하는 젊은이를 놓아두고, 외로이 큰 고기를 찾아 나서는 것이다. 큰 고기는 산티아고가 빼어난 어부라는 사실을 다시 한 번 입증해 줄 것이며, 마을 사람들이 우러러보게 할 것이며, 산티아고가 세상을 떠난 뒤에도 이어질 마놀린과의 관계를 더욱 굳건하게 해 줄 것이다.

인물탐색 에인절 케이펄런이나 서지오 H. 보카즈를 포함한 많은 평론가들은 산티아고의 출어에는 오디세우스의 유랑이나 돈키호테의 원정과 비슷한 면이 있다고 지적한다. 그러나 어두운 바다를 노 저어 가는 산티아고는 오디세우스처럼 모험이나 물질적 이익을 찾아 나서는 것이 아니며 돈키호테처럼 자기기만에 빠져 있지도 않다. 산티아고는 인간 사회보다 훨씬 큰 자연이라는 세계 앞에 외로이 서는 인간의 대표자이자, 모든 생명체가 먹고 먹히는 철저한 상호 의존 관계로 묶여 있는 자연 질서 속에서 자신의 역할을 충실히 수행하는 참여자가 된다.

문체탐색 이 같은 내면적 이야기의 흐름 가운데서도 헤밍웨이는 기자 출신의 작가답게 바다 생태계, 즉 해초와 어부들이 큰 우물이라고 부르는 곳의 다양한 바다 생물들과 날치에 대해 사실적으로 설명한다. 그리고 '날치가 어두운 하늘을 날 때 빳빳한 양쪽 날개가 내는 쉬쉬싓 하는 소리'와 함께 화자는 산티아고의 내면으로 이동한다. 날치들을 친구라고 생각하는 산티아고는 또 '날아다니며 고기를 찾지만 거의 잡지 못하는' 바닷새들의 곤경을 십분 이해하고, "바닷새들은 우리 어부들보다 더 고달프게 산다"고 애처로워한다.

주제 탐색 산티아고의 이런 감상(感想)에서는 욥이 하느님께 착한 사람이 왜 고통을 받아야 하느냐고 묻는 질문이 연상된다. "바다가 그토록 거칠어질 수도 있는데 어쩌자고 제비 갈매기 같은 새들을 저토록 연약한 존재로 나게 했을까?" 욥과 마찬가지로 산티아고 역시 충분히 납득할 만한 해답을 얻지 못한다. 다만 지금껏 그랬듯이 자기를 비롯한 모든 생명체는 필요한 것을 채워 나가며 사는 것이란 사실을 숙명으로 받아들일 뿐이다. 산티아고는 먹고 먹히는 똑같은 운명의 굴레를 쓰고 있다는 사실 때문에 모든 생명체들에게 친밀감과 연민을 느낀다.

산티아고 같은 어부들의 행동 철학은 위와 같은 의식에서 비롯된다. 그런 의식으로 인해 자연을 존중하고, 자신들을 자연의 일부로 여기고, 고기잡이라는 자신들의 능력에 의지하고 매진함으로써 영원한 자연의 순환 고리에 동참한다. 그리고 바로 이런 의식 때문에 산티아고는 바다라는 말을 할 때 여성형 정관사를 붙여 '라 마르'라고 한다. 비록 가끔 사나워지기는 하지만 자기로서도 어떻게 해볼 수 없는 문제인 만큼 자연의 일부로서 너무나 아름답고 사랑스러운 바다를 여성으로 인식하지 않을 수 없는 것이다.

헤밍웨이는 산티아고가 지닌 어부로서의 뛰어난 능력과 고기잡이라는 일에 들이는 정성에 대해 상세하게 묘사함으로써 그의 행동 철학을 여실히 보여준다. 꼼꼼하게 일을 하는 모습은 마치 종교의 의식이나 의례를 거행하는 듯하다. 예를 들어 산티아고는 한결같은 속도로 노를 젓는다. 바닷물을 거슬러 헤쳐 나가지 않고 조류의 흐름을 타고 노를 젓는데, 그렇게 하면 바닷물을 거슬러 노를 저을 때의 '3분의 2 정도의 힘만 들이고도' 노를 저을 수 있다. 그렇게 노를 젓기 때문에 여명이 밝았을 때는 이미 '생각보다 더 멀리 나온' 것을 알게 된다. 두 번이나 새가 하늘에서 빙빙 돌며 나는 모습을 보고 낚시를 드리울 자리를 정한다. 낚싯바늘에 미끼를 꿸 때는 정성과 공을 들여 "낚싯바늘이 미끼 속에 완전히 감춰지게 해서 고기에게는 좋은 냄새와 맛만 느껴지도록 만든다." 그뿐 아니다. 산티아고는 "어느 누구보다도 낚싯줄을 팽팽하게 늘어뜨릴 수 있다."

헤밍웨이는 산티아고와 정반대되는 행동 철학을 지닌 어부들의 모습 또한 상세하게 묘사하고 있다. 기계화된 방식으로 고기를 잡는 어부들은 "상어 간을 비싸게 팔아 장만한 모터보트를 타고 나가 찌 대신 부이에다 낚싯줄을 달아맨다." 실리를 밝히고 실용성을 좇는 이 물질만능주의자들은 바다를 일컬어 남성형 정관사를 서서 '엘 마르'라고 말하며, 바다를 '적수나 작업장, 심할 경우에는 원수'라고도 칭한다. 그런 어부들은 결국 자신들의 경제적 터전을 파괴할 악의 씨를 뿌리고 있다. 환경 파괴에 대해서는 조금도 생각하지 않으면서 긴 줄 낚시를 하고, 엔진 마력이 높은 모터보트를 타고 다님으로써 언젠가는 삶의 터전을 잃게 된다는 것이다.

다른 어부들은 '낚싯줄이 조류에 들뜨게' 만들면서도 고기를 잡는 반면, 자신은 그 누구보다도 낚싯줄을 팽팽하게 늘어뜨릴 수 있는데도 고기를 잡지 못했다는 사실을 생각하자, 산티아고는 운이 따르지 않았다고 자인한다. 사람 사는 세상에서는 도무지 복을 받을 만한 자격이 없어 보이는 사람들이 복을 받는 경우가 종종 있다. 그런 상황이 되면 자연히 착한 사람이 왜 고통을 겪어야 하느냐는 욥의 항변이 떠오르게 마련이다. 그럼에도 불구하고 산티아고는 금세 자신의 솜씨에 대해 다시 확신을 가지면서, 사람으로 할 바를 제대로 하다 보면 하루하루가 새로운 날인만큼 좋은 때가 오리라는 희망을 품는다. 믿음을 통해서 좋은 결과가 올 수도 있고, 단지 운 때문에 좋은 결과가 올 수도 있지만 헤밍웨이는 여기에서 다시 한 번 믿음과 운을 결합시키고 있다. 산티아고의 믿음은 그를 지탱해 주고 희망을 준다. 늙었고, 가난하고, 외롭고, 소외당하고, 기력은 떨어져 가는 상황에서 84일 동안이나 고기 한 마리 잡지 못하는 고난 속에서도 산티아고로 하여금 꿋꿋하게 버티며 희망을 품도록 만드는 것은 바로 그의 믿음이다.

주제탐색 사람이 할 일을 제대로 하고 있다면 복이 찾아올 때 그 복을 얻을 수 있다는 산티아고의 믿음은 "하늘은 스스로 돕는 자를 돕는다"는 격언을 생각나게 한다. 그리스도교의 하느님을 믿었던 벤저민 프랭클린도 하느님에 대해 이런 식으로 말했고, 그리스 로마 신화의 신들을 믿고 살았던 이솝 역시 신들에 대해 이런 식으로 말했다. 결국 두 사람 모두 세상에는 인간이 이해할 수 없고 어떻게 해볼 수 없는 어떤 힘에 직면하더라도 믿음과 희망을 잃지 않고 자신의 능력에 의지해야 한다는 말을 한 것이라고 할 수 있다. 솜씨와 운에 대해 생각하던 산티아고는 매일 아침 바다에서 맞이하는 떠오르는 태양에 눈이 많이 상한 것 같은데도 아직은 괜찮다는 사실을 떠올린다. 눈의 상태에 대한 이런 자각은 고난에도 불구하고 산티아고가 지탱하고 버텨나가게 해주는 그의 이상과 믿음에 대한 은유라고 할 수 있다.

산티아고가 처음에 날치들의 뒤를 쫓는 새를 따라갈 때 '날치들이 너무 커서' 새는 날치를 잡을 '가망이 없다'고 생각했던 것처럼 돌고래들이 '너무 빨리 헤엄치기 때문에' 결국 '멀리 사라져버렸다'는 현실을 인정하면서도 큰 고기를 잡을지도 모른다는 희망을 버리지 않는다. "어딘가에서 반드시 큰 고기를 잡게 될 거야."

인물탐색 맞서야 하는 외부의 고난이 끝이 없는 만큼 산티아고는 내부에서 믿음을 계속 다잡아야 한다. 지난 84일 동안의 수고가 허사였다는 사실을 인정할 수밖에 없었을 때에는 잠시 허무함을 느끼지만 자신을 자연의 일부로 보고 친밀감을 느끼기 때문에 자연의 혹독함이나 양면성을 보지 못하는 것은 아니다. 사실 산티아고의 도덕관념은 대부분 자연과 밀접하게 엮여 있어서 자연의 두 가지 상반된 모습을 잘 알고 있다. 예를 들어 고깔해파리는 물속에서 무지갯빛으로 보일 만큼 아름답지만 어부들이 낚싯줄에 걸린 고깔해파리의 촉수를 떼어낼 때면 손이나 팔을 쏘아 옻이 오른 것처럼 붓고 아프게 만드는 양면성을 지니고 있다. 따라서 산티아고는 바다거북이 고깔해파리 잡아먹는 모습을 보는 것과 바닷가에 밀려온 고깔해파리를 밟아 터뜨리기를 좋아한다. 그런 까닭에 사람들이 "바다거북에게 참말 모진 짓을 한다는 생각을 한다. 바다거북은 몸통을 쪼개서 죽이고 나도 심장이 몇 시간씩이나 계속 뛴다." 산티아고는 자연이 자기를 참 모질게 대한다고 생각하면서 바다거북과 하나가 된 듯이 느끼며 "내 심장은 바다거북의 심장 같고, 내 손발도 바다거북의 손발 같다"는 생각을 한다.

바다거북과 동질감을 느낀 산티아고는 생각을 넓혀 결국은 자연 전체가 자신의 믿음을 강하게 해주고, 희망을 갖게 해주며, 시련을 극복할 의지를 심어준다는 깊이 있는 성찰을 한다. 그의 생각은 가을에 큰 고기들이 본격적으로 밀려올 때를 대비해 체력을 기르려고 봄철에 많이 먹는 바다거북의 하얀 알로 옮겨간다. 또, 어부들이 어구를 보관해 두는 오두막의 큰 드럼통에 담긴 고약한 맛의 상어 간유도 생각한다. '눈에도 좋고' 감기나 독감 예방에도 좋기 때문에 산티아고는 상어 간유를 자주 마신다.

산티아고가 다시 한 번 자연 질서 속에서 자신이 차지

하는 위치, 그리고 다른 생명체들과 자신의 비슷한 숙명을 겸
허하게 받아들이며 있는 솜씨를 모두 발휘해서 일을 하는 자
세야말로 곤경을 헤쳐 나가는 힘의 원천이다. '눈이 아직 멀쩡
하다'는 자각은 새로운 의욕을 불러일으키고 희망을 품게 만
들어 두 번째로 선회하는 새가 있는 곳에 가서 온갖 솜씨를 발
휘하고 끈기 있게 기다림으로써 '좋은 미끼감'이 될 약 5킬로
그램짜리 날개다랑어를 잡는다.

제 3 부

바다 한가운데의 투쟁: 청새치와 상어들

줄거리

　찌 역할을 하는 초록색 막대 하나가 갑자기 물속으로 휙 잠기면서 산티아고와 물고기의 본격적인 싸움이 시작된다. 엄지와 집게손가락 사이에 낚싯줄을 쥔 산티아고는 바다 속 백 길쯤 되는 곳에서 엄청나게 큰 청새치 한 마리가 미끼로 쓴 작은 다랑어 대가리 밖으로 삐죽 나온 낚싯바늘 끝을 덮은 정어리를 먹고 있다는 것을 감각적으로 안다. 산티아고는 낚싯줄에 힘이 가해지지 않도록 조심하면서 초록색 작대기에서 낚싯줄을 풀어 손가락 사이에 잡고 줄이 풀려 나가게 한다.

　큰 고기들이 잡히는 달인 데다 먼바다이기 때문에 이 고기는 어마어마하게 큰놈이라고 확신한 산티아고는 고기가 미끼를 물기를 애타게 바란다. 고기가 제발 미끼를 삼키게 해달라고 하느님께 기도까지 한 산티아고는 두어 번쯤 입질이 멈추었을 때도 경험을 되새기며 고기가 여전히 미끼를 노리고 있다는 사실을 안다. 그러다 어떤 묵직한 힘이 전해져 오자 줄을 점점 더 물 속으로 풀어준다. 산티아고는 고기가 한 바퀴 돌고 와서 미끼를 삼키리라고 짐작하지만 '잘 풀릴 것 같은 일이라도 말이 앞서면 산통 깨지는 수가 있기 때문에' 그 말을 입 밖에 내지는 않는다.

　줄의 촉감으로 고기가 미끼를 먹는 중인 것을 안 산티아고는 둥글게 감아놓은 예비용 줄을 준비하고, 고기가 미끼를 좀더 먹도록 두었다가 마침내 낚싯줄을 잡아챈다. 낚시에 걸린 고기가 낚싯줄이 팽팽해지도록 당

기는 엄청난 힘을 산티아고는 배 바닥에 앉아 뱃전에 몸을 기댄 채 어깨에 낚싯줄을 돌려 감은 상태에서 받아낸다. 산티아고는 절절한 심정으로 "그 애가 있었더라면 얼마나 좋을까?"라는 말을 하는데, 고기와의 싸움이 계속되는 동안 몇 번이고 되풀이한다.

고기가 배를 끌고 가는 동안 산티아고는 만일 고기가 바다 속으로 더 깊이 들어가 죽어버리면 어떻게 하나, 하고 걱정하다가 즉시 여러 가지 대응 수단이 있다는 생각을 하며 용기를 낸다. 고기를 낚아챈 것이 정오 무렵이고, 네 시간째 낚싯줄을 붙들고 있지만 아직 고기의 모습을 희미하게나마 보지 못했다는 생각도 한다. 뱃머리 쪽에 챙겨두었던 물병을 끌어다 물을 한 모금 마시고 난 산티아고는 아무런 생각도 하지 않으려 하면서 그저 버티려고 애쓴다. 육지 쪽의 흔적 같은 것이라고는 아무것도 보이지 않자 산티아고는 전에도 그랬듯이 밤이 되면 아바나 쪽 바다에서 희미하게 보이는 빛의 흔적을 따라 돌아갈 수 있으니 별일 아니라고 스스로를 안심시킨다. 그리고는 조만간 고기가 떠오르면 그때 고기의 모습을 볼 수 있을 것이라는 생각을 되풀이한다.

해가 지자 산티아고는 낮 동안에 말리려고 배 바닥에 널어놓았던 미끼 궤짝을 덮는 포대를 끌어다 목덜미 뒤로 둘러쓴다. 그 포대는 낚싯줄이 어깨에 가하는 힘과 압력을 누그러뜨린다. 어두워지자 물 속에 잠긴 낚싯줄은 인광을 발하여 긴 빛줄기 하나가 바다 속으로 끝없이 이어진 것처럼 보인다. 산티아고는 배가 어디로 가고 있는지 헤아려 본다. 고기는 배를 북서쪽으로 끌고 가고 있지만 실제로는 조류 때문에 고기와 배 모두 동쪽으로 가고 있다. 아바나 쪽 바다에서 희미한 빛의 흔적이 보이지 않는다면 배는 틀림없이 점점 동쪽으로 가고 있는 것이다. 문득 오늘 야구 경기들의 결과가 어땠는지 궁금해지자 라디오가 있으면 좋았겠다고 생각하다가 이내 정신을 차리고는 정신 집중을 하지 않는 자신을 꾸짖는다. "다시는 그렇게 딴 생각하는 어리석은 짓은 하지 말게"라고 자책한 산티아고는 다시 한 번 "그 애가 있었더라면 얼마나 좋을까? 이걸 전부 보면서 날 거들어줄 수 있을 텐데"라고 외친다. 사람이 늙으면 혼자 있어서는 안 된지만 현재로서는 어쩔 수 없다는 생각을 한다. 그리고 낮에 잡은 참치가 상하기 전에 먹고 기운을 차려야 한다는 생각도 한다.

참돌고래 두 마리가 배 근처로 다가와 노는 모습을 지켜보던 산티아고는 "저 녀석들도 날치처럼 우리 어부들의 형제지"라고 말한다. 그러다가 자기가 잡았던 여느 물고기보다 무척 힘이 세고 다르게 행동하는 자기 고기에게 문득 연민을 느끼기 시작한다. 이놈은 전에 낚시에 걸려본 적이 있을까, 자신의 상대가 고작 늙은이 하나라는 사실을 왜 모를까, 이놈을 시장에 내다 팔면 값이 얼마나 나갈까, 전혀 두려움 없이 배를 끌고 가는 것으로 보아 수놈은 아닐까, 무슨 꿍꿍이가 있는 것일까 아니면 그저 자기처럼 무턱대고 배를 끌고 가는 것일까 등 여러 가지 생각을 한다.

전에 암수 한 쌍의 청새치 가운데 암놈을 잡았던 기억이 떠오른다. 산티아고가 암놈을 배 안에 끌어올릴 때까지 수놈은 배 주위를 빙빙 돌았다. 산티아고가 작살을 들어 암놈을 찌르려고 할 때 그 수놈은 물에서 뛰어 올라 암놈이 어디에 있는지를 살피고는 물 속 깊이 사라져버렸다. 수놈 청새치는 참으로 멋있었지만 날뛰는 모습이 어찌나 애처로웠는지 고기잡이하면서 그때보다 더 마음이 아팠던 적은 없다. 산티아고와 마놀린은 둘 다 암놈 청새치에게 미안한 마음을 느끼면서 고통을 조금이라도 덜어주기 위해 빨리 숨통을 끊어주었다.

산티아고는 자신이나 자기에게 걸린 청새치나 모두 자의에 따른 선택을 한 것이라는 사실에 대해 생각한다. 청새치는 '올가미나 덫이나 음모가 미치지 않는 깊고 어두운 바다 속에 머물기로 선택'했고 산티아고는 '다른 어부들의 솜씨가 미치지 않는 그곳에서 바로 그런 놈을 잡기로' 선택했다. 이제 둘은 어느 누구의 도움도 받을 수 없는 처지에서 맞닥뜨려 싸우게 된 것이다. 그 순간 산티아고는 어부가 되지 말았어야 하는 게 아닌가, 하는 생각을 잠시 하다가 이내 '고기잡이는 나의 천직'이라고 되새긴다. 당장 해야 할 일이 무엇인가 궁리하던 그는 아침이 되면 기운을 차리기 위해 참치를 먹어야 한다는 생각을 한다.

밤중에 다른 낚싯줄 하나에 무언가가 걸렸지만 확인도 하지 않고 줄을 끊어버린다. 또, 여전히 물 속에 잠겨 있는 낚싯줄의 목줄도 끊어버려 이 청새치를 낚는 데 필요한 예비용 줄로 확보해 둔다. 산티아고는 이 청새치를 낚아 올리기 위해 다른 고기, 다른 낚싯바늘들, 다른 낚시 줄들,

다른 낚시 줄의 목줄 등 모든 것을 포기한다. 산티아고는 다시 한 번 소년이 있으면 좋겠다는 생각을 하다, 지금 이 순간에 해야 할 일에만 정신을 집중한다. 청새치가 갑자기 내닫는 서슬에 낚싯줄이 튕겨지며 산티아고의 얼굴을 할퀴어 상처가 나고 피가 흐른다. 산티아고는 고기의 등이야 자기 등처럼 아프지 않겠지만 그래도 자기는 만반의 준비가 되어 있기 때문에 고기가 배를 영원히 끌고 가지는 못할 것이라는 생각을 한다. 산티아고는 죽는 한이 있어도 이놈을 절대 놓치지 않겠다고 다짐하면서 고기 역시 죽을 때까지 버틸 것이라는 생각을 한다.

둘째 날이 밝은 상태에서 청새치의 끄는 힘과 조류의 영향 때문에 조각배는 여전히 북북동 쪽으로 가는데 고기가 이제는 수면 쪽으로 많이 올라와 헤엄치고 있다는 것을 알아챈다. 산티아고는 고기가 물 밖으로 뛰어오르게 해달라고 하느님께 기도한다. 그러면 부레에 공기가 차서 깊은 물속으로는 들어가지 못한다. 고기가 물 속으로 깊이 들어가면 놓칠 위험이 있다. 산티아고는 낚싯줄이 끊어질 정도로 팽팽하게 잡아당기지만 그때마다 낚싯바늘이 걸린 부위가 점점 크게 벌어져 바늘이 빠질 수 있기 때문에 걱정하고 조심한다. 아침 해가 뜨자 한결 견딜 만해졌고 현재로서는 해를 정면으로 마주보지 않아도 된다는 사실에 조금 안도한다. "나는 너를 사랑하고 아주 우러러본다. 그렇지만 오늘 안에 죽여주마." 그리고는 속으로 이렇게 덧붙인다. "그렇게 되면 좋겠는데."

남쪽으로 날아가던 작은 휘파람새 한 마리가 배로 다가오더니 낚싯줄에 앉아서 쉰다. 산티아고는 새에게 낚싯줄이 팽팽하게 당겨져 있으니 마음 놓고 앉아도 된다고 하면서, 간밤에는 바람도 없었는데 그렇게 피곤해 보이니 어떤 새들에게 쫓기는 모양이라며 무슨 새들이 뒤쫓아오느냐고 묻는다. 그리고는 새가 육지 쪽으로 나가면 맞닥뜨릴 매들을 떠올리며 말한다. "푹 쉬어라, 작은 새야. 그러고 나서 사람도, 다른 새들도, 고기들도 그렇듯이 어려움에 맞서 앞길을 헤쳐가거라." 이어서 육지 쪽에 나가면 내 집에서 쉬어도 괜찮다며, 지금 '이 친구' 청새치 때문이 아니라면 배에 태워서 육지로 데려다주고 싶다는 말을 덧붙인다. 그때 고기가 갑자기 몸부림을 치는 바람에 산티아고는 뱃머리 쪽으로 넘어져 끌려간다. 낚싯줄에 앉아 있던 새는 날아올라 사라져 버렸는데 산티아고는 자신부터 추스르느라고 그것조차 눈여겨볼 여유가 없다.

산티아고는 오른손에서 피가 나는 것을 알아채고는 고기가 갑자기 어떤 아픔을 느껴서 몸부림을 쳤을 것이라고 생각한다. 그리고 자기와 마찬가지로 고기도 지금 이 순간 틀림없이 긴장하고 있다고 생각한다. 산티아고는 새가 가버린 것을 아쉬워하며 그 새가 바닷가에 다다를 때까지는 지금보다 더 험난한 일들이 있을 것이라는 생각을 한다. 산티아고는 고기가 몸부림쳤을 때 자기가 무엇을 잘못했거나 아니면 새에게 정신을 팔고 있었기 때문에 낚싯줄에 손을 벤 게 틀림없다고 생각한다. 그래서 이제 해야 할 일에만 정신을 모으기로 다짐하고 기운을 차리기 위해 참치를 먹기로 한다. 참치를 먹으려고 하다 보니 소년이 없고, 소금이 없는 것이 또 아쉽다. 그래도 어쨌든 피 묻은 손을 바닷물에 씻고 나서, 이렇게 저렇게 요령을 써서 왼손으로는 낚싯줄을 잡고 있으면서도 오른손으로 참치를 먹을 수 있는 자세를 안정적으로 취한다. 왼손에 쥐가 나기 시작하자 산티아고는 배신감을 느끼며 왼손에게 욕을 한다. 차라리 오그라들어 짐승 발톱처럼 되라고 하지만 소용없는 일이다. 참치를 먹고 나면 그 덕에 왼손의 쥐가 풀렸으면 하고 바란다.

라임이나 소금이 있었더라면 참치를 먹기가 한결 수월할 텐데 하는 생각을 하면서도 돌고래보다는 맛이 낫다는 것으로 위안을 삼는다. 또,

땡볕 때문에 고기가 상하기 전에 전부 먹어두는 게 잘하는 일이라고 생각한다. 이제 형제처럼 느껴지는 고기에게도 좀 먹여주고 싶은 마음이 들면서도 고기를 죽이려면 자기 기운이 세야 한다고 깨닫는다. 참치를 다 먹고 난 산티아고는 낚싯줄을 오른손으로 옮겨 잡고 왼손의 쥐가 풀리게 해달라고 하느님께 청한다. 쥐가 풀리지 않으면 억지로라도 손을 펴야 할 상황이 닥칠지도 모르는데 그때가 되면 그렇게라도 해야겠지만 간밤에 손을 무리하게 써서 쥐가 난 사실을 아는 산티아고는 저절로 풀렸으면 좋겠다는 생각을 한다.

산티아고는 구름이 일고 들오리 떼가 날아가는 것을 보면서 바다에서는 사람들 모두가 외로운 것은 아니라는 생각을 한다. 물론 육지가 안 보일 때, 특히 날씨가 안 좋은 계절에 먼바다에서 외로움과 두려움을 느끼는 사람들이 있고, 그것이 자연스러울 수도 있다. 그렇지만 이번 달은 허리케인이 불어오는 달이기는 해도 일 년 중 날씨가 최고로 좋은 때인데 다행히 허리케인이 불어닥칠 조짐은 보이지 않는다. 육지에서는 허리케인이 다가오는 것을 알 수 없지만 바다에서는 며칠 전부터 그 조짐을 알 수 있다. 아마 육지에서는 무엇을 보고 허리케인이 다가오는 것을 가늠해야 하는지 모르기 때문이거나 구름의 모양이 달라져서 그럴 것이다. 지금 불어오는 미풍은 고기보다는 자기에게 유리하다고 산티아고는 생각한다.

산티아고는 손에 쥐가 난 것은 몸이 반항하는 것이라고 생각하며 수치심을 느낀다. 갑자기 고기가 물 밖으로 뛰어올라 처음으로 그 모습을 드러낸다. 정말 크고 멋진 모습이다. 산티아고의 배보다 두 자 정도는 더 길어 보인다. 주둥이 앞 쪽으로는 길고 가는 칼날 같은 부리코가 야구 방망이 길이 정도로 뻗어나가 있고, 꼬리는 날 선 낫처럼 보인다. 산티아고는 고기가 낚싯줄을 있는 대로 끌고 나가 끊어버리지 못하도록 적당한 힘으로 낚싯줄을 당기고 있어야 하며, 고기로 하여금 자신의 힘이 어느 정도인지 절대로 눈치 채지 못하게 해야 한다는 것을 잘 알고 있다. 만일 자기가 고기라면 온 힘을 다해 달려서 낚싯줄이 끊어지든 아니든 끝장을 볼 것이라고 생각한다. 그러면서 고기들이 자기들을 잡는 인간들보다 '더 고결하고 힘이 세지만' 인간만큼 영리하지는 않은 사실에 대해 하느님께 감사드린다.

지금까지 산티아고는 무게가 500킬로그램 이상 나가는 고기를 두 번 잡아보았다. 그러나 두 번 다 혼자서 잡은 것이 아니었고, 육지가 안 보이는 이런 먼바다까지 나와서 잡은 것도 아니었다. 그런데 '내가 본 가운데 제일 크고, 남에게 들은 어떤 놈보다 더 큰 고기와 이렇게 밀고 당기고 있으니' 두 손과 그 고기가 형제 같은 사이인 만큼 왼손의 쥐가 풀릴 것으로 확신한다. 산티아고는 고기가 얼마나 큰지 보여주기 위해 뛰어올랐던 것은 아닐까, 하고 생각한다. 산티아고는 자기가 어떤 사람인지 고기에게 보여주고 싶다는 생각을 하다가 고기가 산티아고를 대단한 사람으로 여긴다면 실제로 그런 사람이 되어보이겠다고 다짐한다. 산티아고는 순간적으로 차라리 고기였으면 좋겠다는 생각을 한다. 의지와 지혜만 가지고 싸우는 자신에 비해 고기에게는 여러 가지로 유리한 점이 많기 때문이다. 산티아고는 신앙심이 깊지 않지만, 이 고기를 잡을 수 있다면 '주님의 기도'* 열 번과 '성모송'을 열 번 바치고, 코브레에 있는 동정 마리아 성지로 순례를 다녀오겠다고 약속한다. 그리고는 곧 '주님의 기도'와 '성모송' 두 가지 기도를 되풀이해 바친다. 기도를 다 바치고 나자 고통은 여전한데도 기분은 좀 나아진 것 같다.

---

* **주님의 기도:** 예수께서 직접 가르쳐주신 "하늘에 계신 우리 아버지…"로 시작하는 기도인데 가톨릭교회의 공식 기도 명칭이 '주님의 기도'다. 역자 주.

먹고 기운 차릴 것을 준비해 둘 필요가 있겠다고 판단한 산티아고는 다른 낚싯줄에 미끼를 달아매어 드리우겠다고 생각한다. 마침 먹을 물도 떨어져 간다. 날것으로 먹기에는 날치가 딱 좋지만 현재 상황으로는 돌고래밖에 잡힐 것 같지 않다. 산티아고는 부당한 면이 있지만 반드시 이 고기를 잡아 죽이겠다고, 그리고 '인간이 어떤 일을 할 수 있으며, 얼마나 견디는 힘이 있는지' 보여주겠다고 다짐한다. 또 마놀린에게도 자신은 이상한 늙은이라는 말을 했기 때문에 정말 그렇다는 것을 보여주어야 한다고 생각한다. 물론 이전에도 수백 번 입증해 보이기는 했다.

산티아고는 잠시 쉬기로 한다. 잠을 자면서 사자 꿈을 꾸면 좋겠다고 생각한다. 그리고는 사자가 자기에게 왜 그토록 중요한 의미로 부각되는지 의아해 한다. 청새치는 좀더 수면 쪽으로 올라와 헤엄을 치면서 동쪽으로 약간 방향을 바꾸었다. 산티아고는 고기가 좀 지친 데다 조류가 고기를 좀더 동쪽으로 밀어붙이기 때문이라고 진작부터 판단을 내리고 있었다. 고기의 모습을 이미 보았기 때문에 산티아고는 이제 고기가 수면 가까이에서 어떤 모양으로 헤엄치고 있을지 그려보면서 그 정도 깊이에서는 무엇을 볼지 궁금해 한다. 그리고는 자기가 전에는 칠흙 같이 어둡지만 않으면 고양이처럼 잘 볼 수 있었다는 사실을 떠올린다.

왼손의 쥐가 마침내 풀린다. 산티아고는 등 쪽으로 두르고 있던 낚싯줄의 위치를 조금 바꿔 그동안 낚싯줄에 눌렸던 부위의 아픔을 덜어준다. 자기는 피곤한데 저 고기가 피곤해 하지 않는다면 정말 이상한 고기다. 산티아고는 뉴욕 양키즈와 디트로이트 타이거즈의 시합 결과가 궁금하다. 이렇게 이틀씩이나 야구 경기 소식을 모르고 지낸 적이 없었다. 산티아고는 자신감을 잃지 말아야 한다. '발목의 고질적인 아킬레스건 부상으로 인한 고통에도 불구하고 펑펑 때려내는' 위대한 선수 조 디마지오를 응원

할 만한 자격이 있다고 생각한다. 산티아고는 잠시 아킬레스건이라는 게 무엇일까, 하고 궁금해 한다.

"사람은 대단한 새들이나 짐승들에 못 미친다"는 생각을 한다. 그리고는 만일 될 수만 있다면 저 청새치가 되겠다고 생각한다. 그렇더라도 물론 상어는 만나고 싶지 않다. "하느님, 상어들이 몰려오거든 저 고기와 저를 가련히 여기소서." 산티아고는 아버지가 어부였던 조 디마지오가 자기처럼 고기와 이렇게 오래 씨름을 할 수 있을지 궁금해 하다가 발목 통증이 너무 심하지만 않으면 그럴 것이라고 짐작한다.

해가 질 무렵 산티아고는 자신감을 되찾기 위해 예전에 카사블랑카에서 하루 온종일 '부두에서 힘이 제일 셌던 시엔푸에고스 출신의 거구 흑인'과 팔씨름 했던 일을 자세히 회상한다. 그 시합이 끝나고 나서부터 사람들은 산티아고를 엘 캄피온(El Campeon: 챔피언)이라고 불렀다. 일요일 아침에 시작한 시합이 월요일 아침까지도 승부가 나지 않고 출근시간이 다가오자 돈을 걸었던 많은 사람들이 무승부로 하자는 말들을 하기 시작했다. 그들은 부두에서 설탕 포대를 져 나르거나 아바나 석탄회사에서 채광 일을 하는 노동자들이었다. 산티아고는 그 사람들이 지각하지 않고 출근할 수 있는 시각에 상대를 꺾었고, 그 이후로 오랫동안 챔피언이라고 불렸다. 다음해에 그 흑인이 다시 도전해 시합이 벌어졌지만 흑인 쪽에 돈을 거는 사람은 많지 않았다. 이미 전해의 패배로 기가 죽어 있던 상대는 쉽게 무너졌다. 그 뒤로도 산티아고는 다른 상대들과의 시합에서 계속 이겼고, 아무한테도 지지 않을 자신이 있었지만 어부에게 중요한 오른손이 자칫 다칠까봐 팔씨름을 그만두었다. 왼손으로 몇 번 시합을 해보았지만 "언제나 반기를 들고 시키는 대로 하지 않았기 때문에 왼손을 믿지 않게 되었다."

산티아고는 비행기 한 대가 머리 위를 지나 마이애미 쪽으로 가는 것을 보면서 바다 위를 낮게 날아가는 비행기에서 바다를 내려다보면 어떻게 보일지 궁금해 한다. 그리고 옛날에 거북잡이 배에서 일하던 시절 돛대 머리의 가로대에 걸터앉아 바다를 내려다보곤 하던 때를 떠올린다. 그 높이에서도 물 속의 고기를 볼 수 있었다. 해가 넘어갈 때 산티아고의 조각배는 해초가 섬처럼 모여 쌓인 곳 옆을 지나갔는데 해초더미가 물 위로 솟아오른 상태에서 물결에 흔들리는 모습은 마치 바닷물이 노란 담요를 뒤집어쓰고 누군가와 사랑을 나누는 것처럼 보였다. 거기에서 산티아고는 돌고래 한 마리를 잡는다. 청새치가 걸린 낚싯줄을 놓치지 않게 조심하면서 돌고래를 배 안으로 끌어올린 다음 몽둥이로 두들겨 뻗게 하고서는 낚싯줄에 다시 미끼를 꿰어 뱃전 너머로 던진다.

산티아고는 청새치가 배를 끄는 힘이 약해진 것을 알아채고, 배 뒤쪽에다 노가 물 속에 잠기게 두 쪽을 가로질러 묶어서 배를 끌기 더욱 어렵게 만들 계획을 세운다. 그리고 뱃전에 기댄 상태에서 상체를 될 수 있는한 청새치가 배를 끌고 가는 쪽으로 기울여 낚싯줄의 당기고 누르는 힘이 자신의 등보다는 뱃전의 나무에 더 많이 가해지도록 만든다. 산티아고는점점 요령도 깨우치고, 드디어 낚싯줄을 잡고 버티는 가장 좋은 방법을 찾아낸 것에 만족해 하면서, 고기는 아무것도 먹지 못했지만 자기는 이미한 번 먹어두었고 조금 있다 또 먹을 것이라는 사실에 기분이 좋아진다.

밤하늘에 별들이 보이자 먼 곳의 친구들이 나왔다고 생각한다. 청새치 역시 친구라고 생각하면서 이놈 같은 고기를 보지도 못했고, 이야기도 들어보지 못한 것이 놀라울 뿐이지만 잡아 죽여야만 한다. 인간이 별과 해와 달을 죽이려고 하지 않아도 되는 것은 천만다행이며, 형제라고 할 수 있는 다른 생명체를 죽이는 것만으로도 못된 짓은 충분하다. 청새치를 죽일 결심을 굳히면서도 청새치가 아무것도 먹지 못한 것이 측은하다. 이 청새치를 먹게 될 사람들은 사실 이 대단한 고기를 먹을 자격이 없다는 생각이 든다.

아무래도 조심하는 편이 좋겠다고 생각한 산티아고는 배 뒤편에 노를 묶어 놓으려던 계획을 접는다. 그 대신 고기의 배고픔과 자기적수와 현재 상황을 이해하지 못하는 고기의 무지를 이용하기로 하고 쉴 수 있을 때까지 좀 쉬어두기로 한다. 별과 달과 해가 자고 나오고, 거친 바다도 잠잘 때는 잔잔해지는 것처럼 자신도 잠으로 머리를 맑게 해야겠다고 생각한다. 그러나 자기 전에 돌고래부터 먹기로 한다.

돌고래의 배를 가르고 내장을 꺼내다보니 안에서 싱싱한 날치 두 마리가 나온다. 중심을 잘 잡은 상태에서 돌고래의 내장을 뒤편 뱃전 너머로 버리고 손을 씻자 바닷물에 인광의 흔적이 늘어진다. 손길에 닿는 물의 저항으로 청새치가 배를 끄는 힘이 더 약해졌다는 것을 안다. 썰어 놓은 돌고래 고기 두 덩어리 가운데 하나를 집어 반쯤 먹은 다음, 날치 한 마리를 먹는다. 돌고래를 날로 먹는 맛은 정말 형편없다. 소금이나 라임을 가지고 왔더라면 얼마나 좋았을까, 하는 생각을 하다가 하다못해 낮에 뱃머리 쪽 바닥에 바닷물을 끼얹어 증발시켜 소금을 만들어둘 생각조차 하지 못한 것을 아쉬워한다. 동쪽 하늘에 구름이 이는 것을 보니 사나흘 뒤에는 날씨가 안 좋을 것 같다.

산티아고는 낚싯줄을 쥔 오른손을 배 바닥에 댄 채 허벅지로 오른손을 누르고, 상체를 뱃전에 기댄 다음 왼손으로는 등 뒤로 돌아가는 낚싯줄을 잡는 식으로 하여 잠을 자는 동안 낚싯줄을 놓치는 일이 없도록 대비한다. 잠 속에서 처음에는 교미기의 돌고래 떼가 어울려 노는 꿈을 꾼다. 돌고래들이 물속에서 솟구쳤다가는 튀어나온 자리로 다시 떨어져 들

어간다. 그 다음에는 자기 집 침대에서 자는 꿈을 꾼다. 북풍이 불어 추운데 팔베개를 하고 자는 통에 팔이 저린다. 끝으로 배를 정박시킨 곳에서 사자들을 보며 기분 좋아하는 꿈을 꾼다.

갑자기 줄이 풀려 나가는 바람에 산티아고는 잠이 깬다. 고기는 몇 차례 물 밖으로 솟구쳤다 들어간다. 손과 등이 베이고 불에 데인 것처럼 화끈거린다. 산티아고는 고기가 낚싯줄을 끌고 나간 그만큼 아픈 대가를 치르도록 열심히 당기고 버틴다. 소년이 있었더라면 낚싯줄에 물을 뿌려 열을 식혀줄 텐데, 하는 생각을 하면서 소년의 빈자리가 너무 크다고 느낀다. 고기가 배가 고파 신경질적으로 뛰어오른 것인지, 아니면 겁이 없어 보이는 녀석이지만 무언가에 놀라 뛰어오른 것인지 궁금하다. 그러면서 자신은 겁을 내서는 안 된다고 이른다.

바다에 나온 지 사흘째 되는 날의 아침 해가 떠오르고 산티아고는 상처를 깨끗이 하려고 베인 오른손을 바닷물에 씻은 다음, 왼손에 쥐었던 낚싯줄을 오른손으로 옮겨 잡고 베인 왼손도 바닷물에 씻는다. 왼손이 이렇게 약한 것은 잘 쓰지 않은 탓이며, 또 쥐가 난다면 아마 낚싯줄에 손이 끊겨 나갈 거라고 생각한다. 하지만 그런 생각을 하는 것은 제 정신이 아니기 때문이라며 두 번째 날치를 먹는다. 이제 할 수 있는 것은 다했으니 남은 일은 배 주위를 빙빙 돌 고기를 맞아 싸우는 일뿐이다. 그리고 곧 청새치가 배 주위를 돌기 시작하는 것을 알아챈다.

산티아고는 낚싯줄을 거두어들임으로써 고기가 도는 원의 크기를 작게 만들기 위해 싸움을 계속한다. 땀이 눈앞을 가리고 눈가의 베인 상처에 들어가 쓰리고 아픈 와중에 눈이 침침해지지만 낚싯줄을 힘들여 당기기 때문이라고 자위한다. 그러나 두 번이나 눈앞이 아찔해지고 현기증이 났다. 자신에게 실망하고 싶지도 않고 이런 대단한 고기를 못 잡고 죽고 싶지도 않다. 그래서 하느님께 버틸 수 있는 힘을 달라고 청하면서 '주님의 기도'와 '성모송'을 100번씩 바치겠다고 약속한다. 다만 지금 당장은 기도를 바칠 수 없으니 기도를 한 것으로 치고 도와주시면 나중에 틀림없이 바치겠다고 약속한다. 고기가 칼날 같은 그 긴 부리코로 낚싯줄의 목줄을 들이치는 것을 감지한다. 무역풍이 이는 것을 느끼면서 고기를 배 쪽으로 점점 끌어들이자면 그 바람이 필요하다고 생각한다. 바람 같은 자연의 지침들 덕에 바다에서는 길을 잃지 않는다. 나중에 집에 돌아가려면 남서쪽으로 노를 저으면 될 것이고, 쿠바는 큰 섬이라서 쉽게 눈에 띌 것이다.

세 번째로 원을 그리면서 마침 산티아고의 배 밑쪽으로 지나가는 고기의 크기를 보고 산티아고는 자기 눈을 의심한다. 그리고 마침내 물 밖으로 모습을 드러낸 거대한 낫과도 같은 꼬리도 보게 된다. 이미 오래 전부터 작살을 준비해 손에 쥐고 있는 산티아고는 자신에게 이른다. 흥분하지 말고, 기운을 내고, 고기를 좀더 가까이 끌어들이라고. 산티아고가 여러 번 고기를 배 가까이 끌어당기고 자세를 무너뜨리지만 그때마다 고기는 제 자세를 찾은 다음 다시 헤엄쳐 멀어진다. 산티아고는 고기가 오히려 자기를 잡고 있으며, 고기에게도 그럴 권리가 있다고 생각한다. 사실 형제라고 부르는 이 고기보다 크고, 멋지고, 침착하고, 우아한 놈은 여태 본 적이 없다. "그래, 어서 날 잡아라. 누가 누구를 잡든 죽이든 나도 이젠 모르겠다." 그러다가 얼른 제 정신을 차려서 그런 바보 같은 생각은 걷어치우고 사람답게 아니면 ─ 고기답게 ─ 고통을 감내하라고 자신에게 말한다. 고기의 고통에 맞서 산티아고는 자신의 고통과 남은 힘, 그리고 상처받은 자존심으로 버틴다. 마침내 산티아고는 고기를 배 근처로 바짝 끌어들여 온 힘을 다해 작살로 찌른다.

형제라고 부르던 청새치를 죽이고 나자 고기를 배에 묶어 돌아가려면 이것저것 힘들여 할 일이 많다. 산티아고는 이제 고기가 자기 것임을 실감하면서 만져보고 싶다. 고기를 만지고 싶은 것은 자기 소유물이라는 생각 때문은 아니다. 작살을 찌를 때 고기의 심장이 뛰는 것을 느꼈다고 믿기 때문에 어루만져보고 싶은 것이다. 그리고는 고기를 배에 묶느라고 쓴 낚싯줄들을 나중에 소년과 둘이서 이어 맬 생각도 한다. 고기 값이 어느 정도 나가겠다는 생각도 하지만 그보다는 훌륭한 야구선수 조 디마지오가 오늘의 자기 모습을 보면 대단한 늙은 어부라고 인정해 줄 것이라는 상상을 하며 더 기뻐한다.

산티아고는 고기를 끌고 돌아가려면 영양분과 수분을 섭취해야겠다고 생각하고, 해초 줄기를 갈고리로 긁어 올려 그 잎과 줄기에 붙어 있던 새우들을 털어서 먹는다. 두 모금쯤 남아 있는 물병의 물도 반 모금쯤 아껴서 마신다. 집으로 향해 가는 도중 잠시 머리가 흐릿해지더니 자기가 고기를 끌고 가는 것인지 아니면 고기가 자기를 끌고 가는 것인지 의아하게 여겨진다. 자기에게 해를 끼칠 뜻이 없던 고기를 얕은 술책을 써서 이긴 것뿐이니 고기가 원한다면 고기가 자기를 끌고 가게 해야 한다는 생각을 한다. 속력을 높여 집으로 향하는 동안 산티아고는 계속 고기를 쳐다보며 자신이 해낸 일을 떠올린다.

집으로 향한 지 한 시간이 채 못 되어 첫 번째 상어가 나타난다. 상어가 나타난 것은 전혀 우연이 아니다. 바다 깊숙이 있던 상어는 바닷물 속으로 퍼져 나간 청새치의 피 냄새를 맡고 정확하게 위치를 추적하여 나타난 것이다. 어떤 고기든 잡아먹을 수 있는 청상아리는 헤엄치는 속도가 무척 빠른 데다 겁이 없고 이빨이 날카로운데 그 흉측한 아가리만 빼면 멋진 모습이라고 할 수 있다. 무엇보다도 썩은 고기를 먹는 놈이 아니라는 게 특징이다. 이빨은 노인의 손가락처럼 보이지만 짐승의 발톱처럼 안쪽으로 구부러져 있다. 산티아고는 청새치를 배에 묶느라고 밧줄을 잘라서서 밧줄 길이가 짧아진 작살을 준비한다. 머리가 맑아진 산티아고는 청상아리가 청새치에게 달려드는 것을 막을 길이 거의 없다는 것을 알면서도 어떻게든 막고 싶어하며 상어에게 욕을 한다.

청상아리는 청새치의 꼬리 위쪽 부분을 뭉텅 뜯어먹는다. 상어의 뇌가 어느 위치에 있는지 알고 있는 산티아고는 온 힘을 다해 결연한 각오로 증오를 실어 작살로 청상아리의 뇌를 찌른다. 상어가 죽고 나서 보니 청새치의 고기를 20킬로그램쯤 해치웠다. 작살과 밧줄도 없어졌다. 청새치에서는 다시 피가 흐르는데 형체가 망가진 청새치의 모습을 보며 산티아고는 가슴 아파한다. 피 냄새를 맡고 다른 상어들이 몰려올 것이다. 지금까지 본 중에 제일 큰 청상아리를 죽였다는 사실로 잠시 위안을 삼는다. 차라리 집의 침대에 누워 자다가 꿈속에서 청새치를 잡은 것이었으면 좋

겠다는 생각을 하다가 곧 스스로에게 다짐한다. "사나이가 으스러지고 가루가 될지언정 질 수는 없지."

정말 고통스럽지만 그래도 계속 가야 하며 닥쳐오는 일과 맞닥뜨려야 한다. 그래도 아직은 생각할 수 있는 게 다행이다. 생각할 줄 아는 것과 야구를 빼면 자기에게는 아무것도 없다. 자기가 청상아리의 뇌를 찌른 솜씨를 조 디마지오가 마음에 들어할까, 하는 의문을 품어본다. 다친 손 때문에 상어와 싸울 때 상당히 지장을 받았는데 아킬레스건 부상이라는 것 때문에 조 디마지오가 야구를 하면서 그런 정도로 지장을 받는 것은 아닐까, 하는 생각도 한다. 시시각각 집을 향해 가고 있고, 20킬로그램쯤 가벼워져서 배가 빨라졌다는 사실로 기분이 풀린다.

산티아고는 더 많은 상어가 들이닥치리라는 것을 안다. 그렇다고 해도 자기로서는 어떻게 해 볼 도리가 없다. 문득 칼을 노 자루에 묶어서 쓰면 되겠다는 생각을 한다. 비록 늙은이지만 그런 무기라도 있으면 버틸 수 있다. 절망은 바보짓인 데다 죄악이기도 하다. 그러다가 자기는 죄가 무엇인지 정확히 모르고, 죄라는 것 자체를 잘 믿지 않으니 죄에 대해서는 생각하지 말자고 다짐한다. 그렇지만 곧 자기의 생계 수단이고 또 여러 사람을 먹일 수 있기 때문에 청새치를 죽인 것이 죄가 되는지 의문이 생긴다. 그리고는 고기가 태어나보니 고기였던 것처럼 성 베드로나 조 디마지오의 아버지, 그리고 자기도 어부가 될 팔자였기 때문에 자부심을 가지고 고기를 죽였노라고 자인한다. 자기가 청새치에게 애정을 느꼈기 때문에 청새치를 죽인 것이 죄가 되지는 않을 것으로 여기다가 오히려 그래서 죄가 되는 것은 아닐까, 하는 생각도 한다. 자기처럼 살아 있는 고기들을 잡아먹고, 썩은 고기는 먹지 않고, 멋지고, 우아하고, 겁 없는 청상아리를 죽일 때 쾌감을 맛보았다는 사실도 인정한다. 어쨌든 청상아리를 죽인 것은 정당방위이고 잘 죽인 것이다. 동물은 서로가 서로를 죽이며, 심지어 고기잡이가 자기를 살린 것이지만 죽이기도 한다는 결론을 내린다. 그리고는 소년이 자기로 하여금 목숨을 부지하게 해준다는 사실을 인정하며 자신을 너무 많이 속여서는 안 된다는 생각을 한다.

산티아고는 청상아리의 이빨 자국이 나 있는 부분에서 청새치의 살점을 조금 뜯어내 맛을 보고는 시장에서 가장 비싼 값을 받을 것으로 예상한다. 그렇지만 애석하게도 피 냄새가 번져 나가는 것을 막을 수 없기 때문에 상어들이 몰려올 것임을 잘 알고 있다. 두 시간이 지나는 동안 산티아고는 기운을 차리기 위해 쉬기도 하고 청새치 고기를 먹기도 한다. 두 마리가 함께 나타난 삽코 상어 가운데 한 놈의 모습을 보자 산티아고의 입에서는 자기도 모르게 '아아' 하는 단말마의 비명이 터져 나온다. '손바닥이 십자가에 못 박히는 사람이 내지름'직한 비명이었다.

삽코 상어를 보고 산티아고는 '갈라노스'라고 큰소리를 지른다. 이놈들은 배가 고파서 앞뒤 재지 않고 청새치에게 달려든다. 청상아리와는 질적으로 다르다. 악취를 풍기는 데다 썩은 고기도 먹고 살육을 일삼는다. 잠자는 거북의 다리를 물어뜯는가 하면, 배가 고플 때는 피도 흘리지 않고 비린내도 풍기지 않는 사람까지 공격한다. 청새치를 뜯어먹는 것조차 거칠어서 조각배를 마구 흔들릴 정도다.

산티아고는 다친 손으로 칼을 잡아맨 노를 집어 들고 한 놈의 뇌와 눈을 찔러 죽이고, 배의 방향을 돌려 두 번째 놈을 찾아내 찌르지만 살갗을 채 뚫기도 전에 손과 어깨를 다친다. 그 후 다시 계속해서 대가리와 눈깔, 그리고 뇌를 찔러서 결국은 죽인다.

칼날을 깨끗이 닦고 난 산티아고는 다시 배의 방향을 제대로 잡는다. 두 놈이 먹어 치운 게 4분의 1은 되고도 남는다고 생각하며 고기에게 사과한다. "고기야, 내가 그렇게 멀리 나가지 말았어야 했구나." 그리고는 덧붙인다. "너를 위해서도 그렇고 나를 위해서도 그렇고 말이다." 칼이 묶인 매듭 부분을 점검하고 나서 숫돌이 있으면 좋겠다는 생각을 하다가 곧 지나간 일을 아쉬워하는 대신 청새치를 지키기 위해 현재 할 수 있는 조치나 취하라고 자신을 타이른다. 이어 자신을 향해 큰소리로 좋은 충고를 많이 해줘서 고맙기는 한데 지겹다는 말을 한다. 이제는 청새치가 온전하지 않은 것에 대해서는 더 이상 아쉬워하지 않고 그 덕분에 배가 한결 가벼워졌다는 생각을 하려고 한다. 청새치가 온전했다면 그 놈을 팔아 한 겨울을 먹고 살 수 있을 텐데 하는 아쉬움도 들지만 털어버리려고 한다. 청새치를 잡은 것이 차라리 꿈이었더라면 하고 바라다가 지금과는 달리 만사가 순조롭게 풀렸을 수도 있다는 생각을 한다.

또다시 삽코 상어가 나타나 여물통에 달려드는 돼지처럼 청새치에게 돌진하자 산티아고는 노에다 잡아맨 칼로 찔러 죽일 때 칼날이 부러진다. 죽은 상어가 바다 속으로 가라앉을 때 배에서 점점 멀어지며 작아져 보이는 모습을 지켜보는 것이 좋지만 이번에는 그럴 경황조차 없다. 오히려 몽둥이를 들고 패기에는 너무 늦었다는 생각을 하며 패배감을 느낀다. 그러다가 이내 노가 되었든 몽둥이가 되었든 배 안에 있는 것이라면 아무것이라도 무기 삼아 상어와 싸우겠다고 다짐한다. 산티아고는 자신의 상태가 지쳤다는 말로는 턱없이 모자란다고 생각한다. 진이 빠져버린 것이다.

해질 무렵 상어들이 다시 나타난다. 상어들이 어느 정도 청새치를 뜯어 먹도록 놓아두었다가 몽둥이로 두들겨 패야 한다는 것을 산티아고는 잘 알고 있다. 대가리와 콧잔등을 얻어맞은 첫 번째 상어가 청새치에게서 물러난다. 두 번째 놈은 아가리에 고기 부스러기가 잔뜩 물려 있다. 산티아고가 몽둥이로 두들겨 패자 멀뚱히 쳐다보고는 또 한 뭉치를 뭉텅 뜯어

갔다가 다시 돌아온다. 산티아고는 몽둥이로 연신 패서 결국 물러나게 만든다. 잠시 동안 보이지 않더니 한 놈이 다시 빙빙 돌며 나타난다. 한창때 같으면 몰라도 이제는 몽둥이로 두들겨 패가지고는 상어를 죽일 수 없다. 그렇지만 두 놈 다 크게 다쳤다는 것도 알고 있다. 야구 방망이가 있었다면 죽일 수도 있었다는 생각이 든다.

청새치는 이제 반 정도만 온전하게 남아 있다. 산티아고는 더 이상 고기에 대해 생각하지 않기로 한다. 밤이 되면 머지않아 아바나 쪽 바다 위나 새로 생긴 항구들의 바다 위쪽으로 부연 불빛이 보일 것이고, 자기 걱정을 해줄 사람은 마놀린밖에 없을 것이다. 물론 마놀린은 자기가 별일을 당할 사람이 아니라고 믿을 테지만 그러면서도 걱정은 할 것이다. 그러다가 나이 든 어부들 몇몇과 또 다른 사람들 몇몇도 자기 걱정을 할 것이라고 생각한다. "나는 참 좋은 마을에서 사는구나."

산티아고는 먼바다까지 나갔던 것에 대해 청새치에게 다시 사과하고, 자기와 청새치 둘이서 얼마나 많은 상어들을 죽이고 병신으로 만들었는지 이야기한다. 또, 청새치가 살았을 적에 그 뾰족한 부리코로 얼마나 많은 상어를 죽였을지도 궁금하다. 도끼가 있었다면 청새치의 그 부리코를 잘라내 노에 묶어 가지고 상어들과 싸울 수 있었을 것이다. 그랬다면 대단한 무기가 되었을 것이다. 밤에 다시 상어들이 들이닥치면 어떻게 하나 하고 걱정하다가 죽기로 싸우겠다고 다짐한다.

산티아고는 온몸의 통증을 느끼면서 아직 살아 있다는 사실을 실감한다. 고기를 잡게 되면 바치겠다고 한 기도 생각이 나지만 지금은 너무 힘이 든다. 운이 좀 따라주어 나머지 고기 절반이라도 무사히 가지고 귀항할 수 있기를 바라면서 너무 먼바다에까지 나간 것이 운을 거스르는 짓은 아니었을까, 하는 의문이 든다. 운을 살 수 있으면 좋겠다는 생각을 하면서 부러진 칼, 잃어버린 작살, 다친 두 손으로 운을 살 수 있을지 궁금하다. 84일 동안 고기 한 마리 못 잡다가 엄청난 행운을 거의 거머쥐었으니 운을 살 수도 있을 것 같다는 생각을 한다. 어떤 행운이라도 좋으니 살 수만 있다면 무슨 대가라도 치르겠다며 우선 당장은 빨리 아바나의 불빛이 보였으면 좋겠다는 생각을 한다.

밤 10시쯤 산티아고는 아바나 쪽 바다 위의 부연 불빛을 본다. 온몸이 뻣뻣하고 쓰리고 아파서 더 이상은 상어와 싸울 일이 없었으면 좋겠다. 그러나 자정쯤 상어 떼가 들이닥친다. 어두워서 상어들의 모습은 거의 보이지 않는다. 고기를 뜯어먹는 서슬에 배가 흔들리는 것으로 알 수 있을 뿐이다. 산티아고가 어둠 속에서 감각에 의존해 필사적으로 몽둥이를 휘두르는데, 갑자기 무언가가 몽둥이를 채어가 버린다. 산티아고는 키의 손잡이를 떼어내 휘두른다. 키의 손잡이마저 부서져나간다. 그러자 부서지면서 밑이 뾰족해진 부분으로 상어 한 놈을 찔러댄다. 그놈이 몸부림치며 떨어져 나간 이후로 상어들은 다시 나타나지 않는다. 더 이상 뜯어 먹을 것이 없기 때문이다.

부상을 당한 산티아고는 거의 숨을 쉴 수가 없고 입에서는 단내가 난다. 거칠게 바다에다 탁하고 침을 내뱉은 산티아고는 상어들더러 자기 침이나 먹으라고 소리치고는 상어들이 사람을 하나 죽였다고 생각한다. 산티아고는 완패했다는 것을 안다. 부서진 키 손잡이를 다시 키에다 끼운 다음 아무 생각도 하지 않고, 아무것도 느끼지 않으려고 하면서 청새치 고기의 남은 찌꺼기마저 뜯어먹으려고 이따금 달려드는 상어들을 못 본 체하며 집을 향한다. 배가 아주 가볍고 빨리 달리는 것에만 주의를 기울이며 키 손잡이가 망가진 것 빼고는 배는 멀쩡하다는 생각을 한다. 그것은 고치면 그만이다. 바닷가의 불빛을 따라 배를 몰아가며 바람이 때로는 한편이 되어주고 바다에는 친구도 있고 적도 있으며, 자기 침대도 친구가 될 수 있고, 패배를 당하는 게 그렇게 어렵지 않다는 생각을 한다. 누가 자기를 패배시켰는지 자문한 다음 솔직히 누구에게도 패배당하지 않았다는 결론을 내린다. 그저 너무 멀리 나갔을 뿐이다. 자정이 훨씬 넘어 마을 사람들 모두가 잠들어 있을 때 산티아고는 마침내 포구에 닿는다.

·풀어보기

　　바다를 배경으로 한 두 번째 부분은 소설의 앞부분과 뒷부분의 육지를 배경으로 한 부분보다 훨씬 길고 이 소설의 중추가 되는 가장 극적인 이야기를 전개하고 있다. 이 부분에서 펼쳐지는 산티아고의 투쟁은 사흘에 걸쳐 벌어지는데, 청새치와 청상아리, 그리고 삽코 상어라는 세 종류의 적수와의 싸움에 관한 이야기다. 하나하나의 투쟁으로 보든 사흘에 걸친 단 한 번의 싸움으로 보든 중요한 것은 이 투쟁은 운과 믿음을 필요로 하는 경기이자 의식 또는 의례라고 할 수 있다.

문학적 장치　이 부분에서 헤밍웨이는 3인칭 화자의 서술에서 벗어나 산티아고의 시각을 서술하는 방식을 점점 더 많이 사용하고 있다. 이야기는 산티아고가 자신에게 소리내어 말하는 서술 방식과 3인칭 화자로 산티아고의 생각을 서술하는 방식의 두 가지 방식을 교대로 써서 산티아고의 내면 독백을 묘사하는 식으로 전개된다. 주인공의 실제 생각과 느낌을 묘사하기 위해 이따금 산티아고의 지친 마음속으로 뛰어드는 파격을 구사하기도 한다. 그러나 반복되는 이미지와 인유(引喩), 행동, 주제 등을 필연적이지만 겉으로 보아 뚜렷하지 않은 관계로 엮어 그 안에서 이 기교를 구사한다.

　헤밍웨이는 이 소설의 앞부분에서 이미 소개하거나 살며시 언급한 행동 또는 주제들을 여기에서 극적으로 완벽하게 펼쳐놓는다. 다시 말해서 바다가 배경인 상황에서 지극히 자연스러운 몇 가지 작은 사건들은 이 부분의 중요한 투쟁을 예고하고 암시하기에 충분하다. 예를 들자면 날치 떼를 쫓는 군함새는 청새치를 낚으려고 애쓰는 산티아고를 암시한다. 그리고 매에 쫓겨 지친 휘파람새는 상어와 싸우느라고 지치는 산티아고의 모습을 예고한다. 한편, 육지 이야기 부분에서 들먹였던 야구에 대한 인유와 이미지를 다시 한 번 강조하고, 거기에서 드러난 주제와 인유, 이미지를 한층 발전시킨다. 청새치가 처음 물 밖으로 뛰어올랐을 때 보인 부리코를 야구 방망이에 비유하고, 삽코 상어와 싸움을 끝냈을 때 야구 방망이가 있었으면 좋았겠다는 생각을 하는데, 헤밍웨이는 이 두 경우 모두에서 청새치와 산티아고를 훌륭한 야구선수 조 디마지오의 인내심과 고결함에 견주고 있다. 헤밍웨이는 또한 어부로서 산티아고의 빼어난 솜씨와 자신의 일에 헌신하는 태도를 극적으로 상세히 묘사하는가 하면, 산티아고의 운에 대한 믿음과 신앙심을 하나로 묶어 소개한다. 잘 풀릴 것 같은 일이라도 말이 앞서면 산통 깨지는 수가 있기 때문에 운이 따르기를 바라면서 동시에 고기가 미끼를 삼키게 해달라고, 고기를 낚아 올릴 수 있게 도와달라고, 상어 떼로부터 고기를 지킬 수 있게 해달라고 하느님께 간구한다.

문체탐색 행동, 이미지, 인유, 주제 등의 반복을 위해 헤밍웨이는 문장 구조와 문장 안에 쓰인 낱말, 그 낱말들의 소리와 리듬을 되풀이하는 문체를 구사하고 있다. 예를 들어 돌고래를 잡아 토막을 썰고, 돌고래 내장 안에서 나온 날치 두 마리를 먹기 위해 준비해 놓는 장면을 헤밍웨이는 이렇게 묘사하고 있다. "다시 뱃머리 쪽으로 돌아온 그는 베어낸 돌고래고기 두 토막과 날치 두 마리를 배 바닥에다 놓았다.(Back in the bow he laid the two fillets of fish out on the wood with the flying fish beside them.)" 이 문장에서 반복되는 낱말들의 소리는 마치 되풀이해서 바치는 염경기도(念經祈禱)나 진언 또는 종교 의식을 연상시키는 한편, 일찍이 산티아고가 마놀린과 나누던 교리 교육 같던 대화를 생각나게 한다. 바로 이런 문체 기교를 이용해 헤밍웨이는 똑같은 이미지와 인유, 주제를 점점 더 뚜렷이 부각시킨다.

반복은 이 작품에 담긴 여러 가지 형태와 의미의 순환을 보완하고 완성시키는 역할을 한다. 순환이라는 시각에서 가장 먼저 지적할 수 있는 것이 이 소설의 구성이다. 이 소설은 산티아고가 육지에서 바다로 나갔다가 다시 육지로 돌아오는 이야기로 구성되어 있다. 또한 모든 생명체의 삶이란 결국 한 세대가 보유한 총체적 지식과 경험을 다음 세대에 전해 주는 것이다. 그런가 하면 젊은이는 세월의 흐름과 더불어 늙은 이가 된다. 자연의 질서는 모든 생명체가 서로 의존하도록 하는 동시에 사냥꾼과 사냥감, 먹는 자와 먹히는 자의 관계를 맺도록 하고 있다. "세상에서는 모두가 남을 죽인다." 산티아고의 운조차도 순환의 모습을 지닌다. 84일 동안이나 고기 한 마리 잡지 못하다가 악전고투 끝에 청새치를 잡는 개가를 올리고, 상어들에게 그 전리품을 빼앗기는 비극을 당하고, 소설의 끝에서 휴식과 위안을 얻는다.

인물탐색 낚싯줄 반대편 끝에서 청새치가 처음으로 입질을 하는 순간부터 이미 산티아고는 그 고기와 자기가 여러 가지로 관련이 있다고 생각한다. 날치나 거북이, 돌고래를 형제처럼 느끼듯이 어떤 긴밀한 유대감을 느낀다. 산티아고는 자신과 관계가 있다고 느끼는 생명체들을 수시로 의인화한다. 청새치가 암놈인지 수놈인지 모르면서도 '그(he)'라고 칭한다. 청새치와 중단할 수 없는 싸움을 벌이는 동안 처음에는 청새치를 동정하다가 곧 이어 찬탄하고, 청새치가 느끼리라고 생각되는 느낌들을 그대로 공감하고, 마침내 청새치와 일체감을 갖는다. 청새치가 갑자기 몸부림치며 앞으로 달려나가는 바람에 낚싯줄에 손이 베었을 때도 낚싯줄이 갑자기 확 당겨지니까 손을 베었듯이 틀림없이 고기에게도 갑자기 어떤 통증이

가해졌거나 다쳤기 때문에 느닷없이 몸부림치며 내달렸을 것
이라고 이해한다. 산티아고는 자기나 고기나 모두 자유 의지
로 어떤 선택을 한 결과 서로 어느 누구의 도움도 받을 수 없
는 처지에서 비켜갈 수도 없는 죽느냐 사느냐의 물러설 수 없
는 싸움에 맞닥뜨렸다고 생각한다. 고기가 태어나 보니 고기
였듯이 자기도 나서 살다보니 어부가 된 것이다. 운명의 굴레
에 갇혀 있다는 면에서는 산티아고나 고기나 모두 욥을 생각
나게 한다.

　모든 생명체는 서로 관계를 맺고 있다는 산티아고의 믿

음은 아시시의 성 프란체스코를 연상시킨다. 육지로 나가게 되면 매들과 마주칠 휘파람새와 이야기를 나누는 모습이 한 예라고 할 수 있다. 왼손에 쥐가 났을 때 왼손이 자기 의지를 거역한다고 생각하고 굴욕감을 느끼는 것 역시 성 프란체스코를 닮았다. 수도자의 길을 걸으면서 육신이 수도에 방해가 된다고 느낄 때마다 성 프란체스코는 자기 육신을 '망할 놈의 형제'라고 불렀다. 마비된 왼손에 대한 언급이 되풀이되는데 그것은 사실 독수리의 발톱, 매의 발톱, 상어의 이빨에 비유할 만한 결정적 무기를 쓸 수 없게 되었다는 뜻을 전하고 있는 것이다.

문학적 장치 헤밍웨이는 기자 출신 작가답게 이 작품에 등장하는 생물들에 대해 구체적이면서도 정확한 묘사를 하는 것은 물론 이들을 통해 등장인물들의 생각, 감정, 주위 상황 등을 암시하고 있다. 시엔푸에고 출신의 거구 흑인이 산티아고와 밤새도록 팽팽하게 팔씨름을 했던 것처럼 청새치는 노련한 어부 산티아고와 끈질기게 맞서는 조금도 꿀릴 것 없는 대단한 고기로 묘사되고 있을 뿐 아니라 산티아고가 지니고 있고, 가치 있다고 여기기 때문에 소년에게 물려주고 싶은 산티아고의 덕성들을 지닌 그런 고기로 그려지고 있다. 즉, 고매한 정신, 치열한 삶, 자아와 자기다움에 충실한 태도, 인내, 아름다움, 위엄 등의 고상한 덕성을 갖춘 물고기로 소개되고 있다.

고기와 실랑이를 벌이는 사이에 이 고기를 시장에 내다

팔면 얼마쯤 받을 수 있을까 하는 생각을 잠시 해보기는 하지만 그래도 산티아고가 정말로 궁금해 하는 것은 고기에게 어떤 계획이 있어서 그렇게 버티며 배를 끌고 가는 것인지 아니면 그저 살기 위해 필사적으로 몸부림을 치고 있는 것인지 여부다. 산티아고의 입장에서 필사적으로 쫓는 것은 사실 사람들의 얘깃거리가 될 만한 큰 고기다. 그저 내다 팔면 돈을 받을 수 있는 아무런 고기나 잡고 싶은 것이 아니다. 다시 한 번 산티아고의 솜씨를 입증해 보일 수 있고, 어부로서의 자긍심을 느끼게 해줄 만한, 마을에서 산티아고의 명성을 유지시킬 만한, 마놀린으로 하여금 산티아고처럼 살도록 만들 만큼 깊은 감동을 줄 바로 그런 고기를 잡고 싶은 것이다. 여기에서 헤밍웨이는 산티아고라는 인물을 통해 자연이라는 세계와 그 안의 끊임없는 순환 속에는 과연 개인의 삶을 허무의 심연에서 건져줄 만한 어떤 계획이나 섭리가 존재하는지 여부를 묻고 있다.

주제 탐색 날치, 바다거북, 청새치, 휘파람새, 청상아리 등 자신과 마주치는 생명체들에 대해 산티아고가 어떤 유대감을 느낀다는 사실의 근본적인 의미는 산티아고를 비롯해 그런 생명체들이 존엄하기는 하지만 모두가 자연의 질서에 따를 수밖에 없으며 결국 '모두가 남을 죽이고,' 남의 밥이 되는 피할 수 없는 자연의 질서에 따라 사멸한다는 사실이다. 여러 평론가들이 지적하듯이 이 묘사는 사실 어떤 에너지도 사라지지 않고 물리적 형태의 변화(이 소설에서는 영적인 면까지)만 일어나는 것이라는 물리학의 에너지 불변의 법칙을 반영하여 생명은 결국 다른 형태로 지속되는 것이라는 의미를 어느 정도 전하고 있다. 끝없이 순환하는 자연계의 허무라는 심연에서 벗어나 개인의 삶에 의미를 부여하는 길은 자신의 능력과 자연이 자신에게 베푼 온갖 것들을 동원해 치열하게 살다가 자신의 뒤를 잇는 다음 세대에게 남겨줄 수 있는 것이라면 무엇이든 남겨주고, 장엄하게 최후를 맞이하는 것이다. 그래서 산티아고는 '사나이가 무엇을 할 수 있으며 무엇을 견뎌낼 수 있는지' 보여주려 하고, 자신이 '이상한 늙은이'라는 사실을 입증하려고 한다. 이렇게 삶으로써 산티아고는 진정 '가루가 되고 으스러질지언정 지지는 않는다.'

인물탐색   청새치와 밀고 당기는 싸움을 벌이는 동안 산티아고는 소년이 곁에 있어서 도와주고 이 장관을 보면 좋겠다는 아쉬움을 여러 번 토로한다. 소년이 있었으면 좋겠다는 생각을 하는 동시에 소금이 있다면 참치를 좀더 맛있게 먹을 수 있을 것이라는 생각을 하는데 이것은 자신의 영혼을 지탱하기 위해서는 소년의 사랑과 존경이 필요하고, 육신을 지탱하기 위해서는 참치를 먹어야 한다는 두 가지 욕구를 하나로 묶어 드러낸 것이다. 평론가들은 산티아고가 위기의 순간마다 '소년'이 있으면 좋겠다는 생각을 하는 것은 그렇게 함으로써 젊은 시절의 용기와 힘을 다시 불러내는 것은 물론, 실제로 소년이 있을 때처럼 용기와 힘을 발휘하는 것이기도 하다고 설명한다. 사실 산티아고는 버텨내야 할 때마다 어떻게 해서든 젊은이의 왕성한 생명력과 기개를 불러일으킨다. 그리고 새로운 고난이 닥칠 때마다 '소년'을 그리워함으로써 힘을 내고 굳센 의지를 다진다.

산티아고는 또한 어부의 아들로서 야구선수가 되고, 아킬레스건 부상에도 불구하고 화려하게 부활하는 위대한 조 디마지오를 생각함으로써 '고기와 끝까지 겨룰' 수 있다는 자신감을 갖는다. 산티아고는 '모든 것을 완벽하게 해내는 조 디마지오를 응원할 자격이 있는 사람'이 되고 싶어하며, 나중에는 고통을 견디며 끝까지 고기와 싸워낸 자기를 조 디마지오가 대단한 사람이라고 인정해 줄 것으로 믿는다. 산티아고는 또한 시엔푸에고에서 온 흑인과 밤새 팔씨름을 하여 이김으로써 챔피언으로 불리게 되었던 옛일을 상세하게 회상하면서 자신감을 회복하기도 한다.

산티아고는 이렇게 젊은 시절, 마놀린, 조 디마지오, 시엔푸에고의 흑인 생각 등을 통해 정신을 가다듬고 활력을 찾는다. 산티아고는 왜 자신에게 남은 유일한 것인 사자의 꿈을 꾸는지 설명하기도 한다. 산티아고에게는 사자 또한 정신적 세계의 대상이다. 사자는 젊은 시절의 산티아고와 현재의 마놀린을 상징하며 위대함, 고결함, 활력, 힘, 불사(不死) 등의 자질을 뜻한다. 따라서 사자 역시 산티아고가 정신적으로 의지할 수 있는 대상이다.

산티아고는 마침내 그 대단한 청새치를 잡아 조각배 옆에 달아맨다. 그렇게 해놓고 보니 자기가 고기를 끌고 가는 것이 아니라 산티아고가 경탄하고, 일체감을 느끼고, 형제라고 부른 그 멋진 생명체가 자기를 끌고 가는 것처럼 보인다. 산티아고는 자기가 고기보다 나은 게 있다면 순간순간 임기응변할 줄 아는 능력과 자신을 강인하고 굳세게 버티도록 만들어준 정신력뿐이었다고 생각한다. 재미있는 것은 이 같은 정신력 또한 한 개인의 삶을 의미 있는 것으로 만들기 위해서는 생명의 순환이라는 자연계의 질서에 따라 무언가를 요구한다는 것이다.

산티아고가 청새치를 잡았다는 사실은 대단한 승리를 거두었다는 뜻이며, 삶 자체를 의미 있는 것으로 만들기 위해 열렬히 추구하는 무형의 가치들을 약속하는 것이기도 하다. 그러나 헤밍웨이는 현실 세계의 냉정함이 있는 그대로 작용하게 하여 승리의 기쁨을 맛볼 수 있는 시간을 채 한 시간도 못 갖게 만든다. 화자는 이렇게 설명한다. "상어가 나타난 것은 우연이 아니다." 승리자인 산티아고도 자연의 끝없는 순환이라는 섭리와 비극적 인생이라는 원리를 벗어날 수는 없다. 청새치와 마찬가지로 이번에는 산티아고가 패배하고 희생당할 차례다. 나타난 청상아리는 산티아고가 이제껏 본 가운데 가장 크고, 힘세고, 사나운 놈이다. 그렇지만 멋지고, 우아하고,

용감하다. 청상아리는 자연 질서가 부여한 역할을 충실히 수행함으로써 결국 산티아고와 동질적인 존재가 된다. 약탈자가 아닌 사냥꾼으로서 자연이 내린 명령에 따라 충실히 자신의 길을 가는 존재다.

문학적 장치 청상아리를 작살로 찔러 죽이고 난 다음 산티아고는 더 많은 상어가 몰려올 것을 예상한다. 청상아리는 청새치 고기를 20킬로그램(40파운드)쯤 뜯어먹었는데 살점이 뜯겨 나간 자리에서 계속 피가 나와 바닷물 속으로 번져 나간다.(여기에서 다시 사용된 40이라는 숫자 역시 성서 속의 40이라는 숫자들을 연상시키는 듯하며, 나아가 십자가에 매달려 돌아가신 예수 그리스도의 옆구리에서 쏟아진 물과 피를 암시하는 것 같다.) 산티아고는 기운을 차리기 위해 전에 자기 입으로 "그 누구도 먹을 자격이 없다"고 말했던 청새치의 고기를 먹는다. 평론가들 가운데는 산티아고의 이 행위를 예수 그리스도의 성체를 받아먹는 영성체로 보기도 한다. 청새치를 먹음으로써 산티아고는 청새치와 하나가 된다. 그리하여 청새치의 죽음은 허무한 죽음이 아니게 된다. 청새치는 산티아고의 기운을 북돋고 육신과 영혼에 필요한 영양을 공급했기 때문이다. 또, 이로 인해 산티아고는 고난과 패배와 필연적 죽음을 겸허하게 받아들이고 그 모든 것을 넘어설 힘을 얻는 것처럼 보인다. 결국 견뎌내고, 최선을 다하고, 우아함을 잃지 않을 수 있게 된 것이다.

자연의 질서를 겸허하게 받아들이는, 새롭게 체득한 이 태도는 마을 사람들에 대한 산티아고의 생각에도 변화를 일으킨다. 산티아고는 육지와 육지의 모든 기만과 덫들을 뒤로 한 채 먼바다까지 나가 그곳에서 깊이 있는 생각들을 하고는 했다. 그러나 이제는 자기가 뒤로 하고 떠났던 그 마을에 전보다 더 친밀감을 느끼는 것 같다.

　　아무도 걱정하지 않았으면 좋겠다. 물론 소년 빼고는 걱정할 사람이 없겠지만. 하지만 그 애는 틀림없이 날 믿을 거야. 늙은 어부들 가운데는 상당수가 걱정을 하겠지. 다른 사람들도 많이 걱정을 할 거야, 라고 그는 생각했다. 내가 좋은 마을에 사는 거지.

문학적 장치 ▶ 예수 그리스도의 십자가 처형을 연상시키는 청새치의 수난과 죽음이 끝나고 나서 그 청새치를 먹은 산티아고 역시 자연히 예수 그리스도의 십자가 처형을 연상시키게 된다고 필립 영이나 어빈 웰즈 같은 평론가들은 지적한다.(예수 그리스도에 대한 또 다른 상징이나 비유는 소설의 뒷부분에서 마놀린을 통해 제시된다.) 예를 들어 삽코 상어가 나타났을 때 산티아고가 내지르는 비명을 화자는 이렇게 묘사하고 있다. '손바닥이 십자가에 못 박히는 사람이 자기도 모르게 내지름직한 바로 그런 비명.' 그러나 서술 자체는 이 소설에서 아주 드문 경우이지만 꽤나 비정한 문체로 이어진다. 자연의

비극적 순환의 고리를 넘어 개인의 삶에 의미를 부여할 수 있는 고통과 예상되는 패배, 그리고 인내를 그리스도에 대한 믿음이 없는 사람의 시각으로 담담하게 서술하고 있다. 그리고 바로 뒤를 이어 헤밍웨이는 청새치의 모습을 산티아고에게 그대로 투영시켜 산티아고 역시 용감하지만 소용없는 투쟁을 벌이는 모습을 묘사하고 있다.

주제탐색 청상아리를 죽일 때 산티아고는 작살을 잃어버린다. 그리고 삽코 상어와 싸움을 계속하는 동안 배 안에 남아 있던 얼마 안 되는 어구들을 하나하나 잃는다. 그러나 산티아고는 맨손이 될 때까지, 그리고 목숨이 붙어 있는 한 끝까지 싸우겠다고 다짐한다. 청상아리와 달리 삽코 상어는 썩은 고기도 먹는 약탈자다. 그런 혐오스런 상어가 청새치에게 달려드는 것은 신성모독처럼 보이고, 새로운 물질문명을 진보로 여겨 기계화된 어로를 하며 산티아고를 조롱하는 젊은 어부들을 생각나게 한다. 도둑떼 같은 삽코 상어가 산티아고에게서 청새치를 약탈해 가듯이 실리를 좇는 그 젊은 어부들은 자연을 파괴하고, 고기잡이를 천직으로 알고 거기에서 삶의 의미와 정신적 교훈을 얻으며 살아가는 늙은 어부들이 소중하게 여기는 것들을 유린한다. 약탈자인 삽코 상어 떼나 실리를 좇는 젊은 어부들이 일시적으로는 승리를 차지한다.

작살에 찔린 청새치의 상처가 로마 병정의 창에 옆구리를 찔린 예수 그리스도의 상처를 암시하듯이 산티아고 역시 삽코 상어 떼와 마지막 싸움을 벌이다가 가슴께가 찢어져 나가는 아픔을 겪는다. 숨쉬기가 곤란하고 입에서는 단내가 나며 피가 난다. (산티아고가 육지로 돌아가고 나서 금세 죽게 될지 아닐지는 모르지만 산티아고로서는 앞으로 다시는 그런 어마어마한 고기를 잡을 수 없을 것이며, 이런 영웅적 투쟁을 하지 못할 것이다.) 완전한 패배감에 젖은 산티아고는 청새치의 뼈에 조금씩 붙어 있는 살점마저 뜯어먹으려고 이따금 들이닥치는 삽코 상어들을 본 체도 하지 않는다. 청새치의 상품 가치는 완전히 사라져버린다. 산티아고는 너무 먼바다까지 나가 고기는 물론 자신을 망친 데 대해 고기에게 사과한다.

　　청상아리로부터 첫 공격을 받고 난 다음 산티아고는 자기가 청새치를 죽인 것이 큰 죄는 아니었을까, 하는 의구심을 품지만 자기로서는 알 수 없다는 결론을 내린다. 산티아고는 청새치를 죽인 것은 단지 돈을 벌기 위해서만이 아니라, 자긍심을 위해서, 또 베드로 사도나 조 디마지오의 아버지처럼 그저 어부이기 때문이었다는 사실만 이해하고 있다. 산티아고의 이런 각성에는 착한 사람이 왜 고통을 당해야 하느냐는 욥의 질문에 하느님께서 내려주는 답이 들려오는 것 같다. 하느님은 고통은 우주 삼라만상에 내재되어 있는 본질이라고 답한다. 여전히 불가사의한 면이 있지만 산티아고의 각성은 자신이 해야 하는 일, 자신의 천직, 영원이라는 자연 속에서 자신의 역할이 요구하는 일을 했다는 깨달음이다. 해안의 불빛을 따라

포구를 향해 나아가며 산티아고는 정녕 누가 자신에게 패배를
안겨주었는지 자문해 본다. 그리고는 솔직히 그 누구도 자신
을 패배시키지 않았으며 자기가 그저 너무 멀리 나갔을 뿐이
라는 생각을 한다.

제 4 부

귀항

산티아고가 포구에 돌아왔을 때 마을 사람들은 모두 자고 있어서 그를 도와줄 이가 없다. 산티아고는 할 수 있는 데까지 배를 바닷가로 끌어올려 바위에 묶어두고, 돛대를 뽑아 어깨에 메고 자기 오두막으로 향한다. 가다가 뒤를 돌아다본다. 거리의 불빛이 배 있는 곳까지 희미하게 반사되어 조각배 뒤쪽으로 솟아 있는 청새치의 꼬리가 보인다.

언덕을 오르다 넘어진다. 일어서려고 하지만 일어설 수가 없다. 그래서 어깨에 돛을 걸쳐 놓은 채 주저앉아 있는다. 고양이 한 마리가 돌아다니며 제 볼일을 본다. 결국 다시 일어선다. 오두막에 도달하기 전에 다섯 번이나 한참씩 앉아 쉰다. 마침내 집 안에 들어가서 돛대를 벽에 기대어 세워놓고 어둠 속에서 물병을 찾아 한 모금 마신다. 침대에 쓰러져 담요를 끌어당겨 어깨부터 등, 그리고 다리를 덮는다. 돌아누워 얼굴을 신문에 파묻고 두 팔은 침대 밖으로 대자로 뻗어 손바닥을 하늘로 향하게 한채 잠이 든다.

다음날 아침 산티아고가 아직 자고 있을 때 마놀린이 찾아온다. 산티아고가 바다로 나갔던 다음날부터 마놀린은 매일 오두막에 찾아와 그가 돌아왔는지 확인하고는 했었다. 마놀린은 이날 아침에는 늦잠을 잤다. 바람이 거세게 불어서 돛이나 노에만 의존하는 조각배들은 출어를 할 수 없기 때문이다. 산티아고의 다친 손을 본 마놀린은 눈물을 흘린다. 그리고는 산티아고에게 커피를 가져다주려고 조용히 밖으로 나간다.

밖에서는 산티아고의 조각배 주위에 어부들이 몰려 있고 한 사람이 뼈만 남은 청새치의 길이를 잰다. 어부들은 마놀린에게 산티아고가 어떠냐고 묻고 마놀린은 그가 자고 있으니 방해가 되지 않게 하라고 말한다. 길이를 잰 어부가 6미터쯤 된다고 말하자 마놀린은 "그 정도 되겠지요"라고 대꾸한다.

마놀린은 음식점 테라스의 주인 마르틴으로부터 우유와 설탕을 듬뿍 넣은 커피를 얻는다. 마르틴은 이렇게 말한다. "야, 대단한 고기다… 어떻게 저런 고기가 다 있지?" 그러고 나서는 전날 마놀린이 잡아온 고기 두 마리에 대해서도 칭찬을 하지만 마놀린은 관심이 없다. 마놀린은 산티아고가 무얼 좀 먹을 수 있게 되면 다시 오겠다고 말하고, 그 사이에 누구도 산티아고가 자는 걸 방해하지 않게 해달라고 부탁한다. 마르틴은 이런 말로 받는다. "내가 안됐다고 그러더라고 전해 다오."

산티아고는 오랫동안 곯아떨어져 잔다. 그 바람에 마놀린은 식은 커피를 데우기 위해 길 건너까지 가서 나무를 얻어다 불을 피워 커피를 덥힌다. 마침내 산티아고가 깨어나고 커피를 조금 마신 다음 마놀린에게 "그놈들이 날 꺾었다"고 말한다. 마놀린은 그 고기가 산티아고에게 이긴 것이 아니라고 자신 있게 말하고, 산티아고는 자신이 진 것은 그 고기를 잡고 나서였다고 대답한다.

마놀린은 산티아고에게 페드리코가 산티아고의 배와 어구들을 손보고 있는데 고기를 어떻게 했으면 좋을지 묻는다는 말을 한다. 산티아고는 페드리코에게 대가리를 줄 테니 가져다가 썰어서 고기 덫에 쓰라고 말하며, 마놀린에게는 창 같은 부리코를 주고 싶다고 한다. 마놀린은 그것을 갖겠다고 답한다. 산티아고가 혹시 사람들이 자기를 찾았느냐고 묻자 마놀린은 그렇다고 하면서 해안 경비대와 비행기까지 나섰다고 대답한다. 산티아고는 바다는 너무 넓고 자기 배는 너무 작아서 찾지 못했을 것이라고 말한다. 산티아고는 사흘이나 혼자 지껄이다가 누군가 사람과 이야기하는 것이 참 좋다고 생각한다.

산티아고가 그동안 마놀린의 고기잡이가 어땠는지 묻자 마놀린은 네 마리를 잡았다고 하면서 이제 다시 산티아고와 고기잡이를 나가겠다고 말한다. 산티아고가 자기에게는 운이 따르지 않으니 안 된다고 하자 마놀린은 그까짓 놈의 운이 뭐냐고 하면서 자기 운은 자기가 몰고 가겠다고 한다. 산티아고가 다시 식구들이 어떻게 생각하겠느냐고 묻자 그런 것은 신경 쓰지 않는다며 아직도 산티아고에게서 배울 것이 많다는 말을 한다.

산티아고는 지난 3일 동안에 대해 회상하다가 둘이 고기잡이를 나가려면 고기를 찌를 창을 준비해 가지고 나가야 하겠다고 말한다. 그러면서 창날은 구식 포드 자동차의 겹판 스프링으로 만들어서 구아나바코아에 가서 날카롭게 갈아오면 된다고 하고는 자기 칼이 부러졌다는 이야기를 덧붙인다. 마놀린은 다른 칼을 구해다주겠다며 이 거세게 부는 바람이 며칠이나 더 가겠느냐고 묻는다. 산티아고가 사흘쯤 더 갈 것이라고 말하자 자기가 모든 준비를 해놓을 테니 산티아고는 손이나 잘 치료해 두라고 한다. 산티아고는 손은 어떻게 하면 되는지 잘 알고 있는데 아무래도 가슴 속을 다친 것 같다고 말한다. 마놀린은 가슴도 잘 치료하라고 말한다.

마놀린이 산티아고에게 깨끗한 셔츠 한 벌과 먹을거리를 좀 가져다주겠다고 말하자 산티아고는 지난 3일 동안 못 보았던 지나간 신문도 얻어다달라고 말한다. 마놀린은 다시 산티아고에게 아직도 자신에게 가르쳐 줄 것이 많으니 조리를 잘하라고 말하면서 얼마나 힘이 들었느냐고 묻는다. 산티아고는 정말 힘들었다고 대답한다. 마놀린은 손에 바를 약도 구해다 주겠다고 말하고, 산티아고는 잊지 말고 청새치 대가리를 페드리코에게

주라고 한다. 산티아고의 오두막에서 나와 도로를 따라 걷는 마놀린은 다시 눈물을 흘린다.

이날 오후 음식점 테라스에 있던 관광객들은 이제는 조류에 쓸려 나갈 쓰레기로 전락한 청새치의 뼈가 바닷가에 방치되어 있는 것을 본다. 여자 하나가 그 뼈를 가리키며 종업원에게 뭐냐고 묻는다. 종업원은 상어 때문에 저렇게 되었다는 의미로 설명을 하려고 티뷰런이라고 말한다. 청새치의 뼈를 상어의 뼈로 오해한 여자는 함께 있던 남자와 상어 꼬리가 저렇게 멋있는 줄은 미처 몰랐다는 이야기를 주고받는다. 그 시각 산티아고의 오두막에서는 마놀린이 옆에 앉아 지켜보는 가운데 산티아고가 잠을 자면서 사자들 꿈을 꾼다.

· 풀어보기

문학적 장치 길지 않은 이 세 번째 부분은 육지에서 바다로 나갔다가 다시 육지로 돌아오는 산티아고의 여정을 마무리짓는다. 서술 방식은 처음 육지 부분의 이야기 때와 마찬가지로 3인칭 화자의 서술이다. 예를 들어 화자는 산티아고가 자신이 '얼마나 피곤한지' 알고 있다고 담담하게 이야기를 한다. 또, 바닷가에 끌어올린 조각배 뒤쪽으로 보이는 청새치의 뼈를 쳐다보는 산티아고의 모습을 산티아고의 생각을 묘사하는 대신 객관적으로 서술하고 있다. 산티아고가 혼자 바다로 나갔을 때 그의 생각을 쫓아 서술하는 방식이 직관적이고 논리적이었듯이 산티아고가 탈진한 상태인 지금 다시 처음의 3인칭 화자로 하여금 서술하게 하는 방식이 자연스럽게 느껴진다.

주인공의 심리 상태와 일정한 거리를 둔 상태에서 이렇게 절제된 서술을 한 것이 이 소설에는 득이 되고 있다. 바다에서 투쟁하는 상황을 통해 주인공의 의식과 심리를 충분히 서술했기 때문에 산티아고의 비참한 상태는 멜로드라마 식으로 통속적이고 과장되게 독자들의 감정에 호소할 필요 없이 이미 독자들의 마음속에 잔잔한 여운을 남기고 있다. 산티아고는 약탈자인 삽코 상어들에게 완전히 패배했다. 헤밍웨이는 자연의 약탈자이며 헤엄쳐다니는 욕망덩어리인 삽코 상어 떼를 실리적인 어부들 및 새로운 물질만능주의와 동등한 것으로 그려내는 한편, 자연의 질서와 생명의 자연적 윤회에 내포되어 있는 피할 길 없는 사멸과도 같은 의미를 부여하고 있다. 청새치의 실질적인 가치는 완전히 사라져버렸고, 청새치에게 부여되었던 십자가 처형을 당한 예수 그리스도의 이미지는 비극으로 점철된 인생살이에서 고난을 겪고, 패배하고, 견뎌내는 비(非)그리스도교적 삶의 형태를 통해 산티아고에게로 완전히 옮겨졌다.

인물탐색 예수 그리스도의 제자이자 어부인 성 야고보의 스페인식 이름을 가진 산티아고이지만 마치 예수께서 게세마니에서 제자들이 잠들어 있는 동안에도 홀로 깨어 기도하셨듯이, 그는 조각배를 끌어올리고 어구들을 챙기는 일을 도와줄 수 있는 마놀린이나 마을의 다른 사람들이 잠든 때 포구로 돌아온다. 예수께서 '해골산'이라는 뜻의 골고다로 십자가를 지고 가셨듯이 산티아고는 돛대를 메고 집을 향해 언덕길을 오르다 뒤돌아서서 뼈만 남은 청새치의 모습을 본다. 예수께서 십자가의 무게에 짓눌려 세 번이나 넘어졌듯이 산티아고는 돛대의 무게 때문에 다섯 번이나 주저앉아 쉰다. 산티아고가 마침내 침대에 엎어져 잘 때 십자가 처형을 당한 예수처럼 양팔을 대자로 뻗고 잔다.

주제탐색 그리고 성서의 저술가들이나 마찬가지로 헤밍웨이 역시 이 소설을 구원이 미치지 않은 비극으로 끝내지 않는다. 기계식 어로를 하고 실리적 물질만능주의를 좇는 어부들이 결과적으로는 이기겠지만 그들의 필연적인 파멸의 씨앗이 이미 그들의 어로 방식이나 사고 방식 속에 감추어져 있다. 자연 질서 안에서는 모든 생명체가 먹고 먹히는 관계이듯이 모두가 서로에게 영향을 미친다. 예수께서 십자가에 매달려 돌아가심으로써 부활할 수 있었고, 그 부활로 사람들에게 영원한 생명과 부활의 희망을 주었다. 마찬가지로 산티아고는 자연 질서와 인간 존재의 순환하는 삶 속에서 자신에게 주어진 역할을 받아들여 고난을 겪고, 견뎌내고, 패배 앞에서 의연함으로써 자신의 삶에 의미를 부여한다. 산티아고가 비록 어마어마한 고기를 잡기는 했지만 효용 가치가 완전히 사라진 그 고기의 뼈는 한낱 쓰레기로 조류에 쓸려 나가야 한다. 그러나 청새치의 그 뼈는 산티아고가 자신의 삶에 의미를 부여하고 자긍심을 느끼기 위하여 추구하는 바를 얻었다고 웅변하고 있다.

　　구원의 첫 손길은 다음날 아침에 찾아온다. 산티아고의 집에 들른 마놀린은 산티아고의 손에 난 상처를 본다.(그의 손에 난 상처는 예수 그리스도의 손바닥에 난 못 자국을 상징한다.) 마놀린은 울면서 산티아고에게 줄 커피를 가지러 간다. 가는 길에 어부들이 산티아고의 조각배에 몰려들어 배에 묶여 있는 청새치의 뼈를 살펴보는 모습을 본다. 어부 가운데 한 사람이 청새치의 길이를 재더니 부리코에서부터 꼬리까지 쳐서 자그마치 6미터쯤 된다고 감탄하며 말한다. 이 어부들보다 앞서서 청새치 뼈를 보았던 마놀린은 "그 정도 되겠지요"라고 말한다. 마놀린이 음식점인 테라스에 들어서자 주인인 마르틴은 "야, 대단한 고기다… 어떻게 저런 고기가 다 있지?"라고 말한다. 비록 뼈만 남았지만 청새치의 그 뼈는 산티아고가 엄청난 고기를 잡았다는 증거가 되어 마을에서 산티아고의 명성이 전설처럼 전해지도록 할 것이다.

　　인물탐색 청새치의 엄청난 크기에 대해 듣고 나서 마놀린이 한 말은 산티아고에 대한 마놀린의 신앙 고백이나 마찬가지라고 할 수 있다. 산티아고라는 인물과 그의 능력, 그리고 인생 철학을 그대로 받아들인다는 의미다. 마놀린은 산티아고가 자는 모습을 지켜보며 식은 커피를 데우기도 한다. 산티아고가 마침내 깨어나서 "그놈들이 날 꺾었다"고 말하자 마놀린

은 산티아고가 겪었던 투쟁이 어떠했으리라는 것을 충분히 이해하고는 "고기가 할아버지를 꺾지는 못했어요. 그 고기가 이긴 게 아니에요"라고 말한다. 이 말로서 마놀린은 구세주 예수 그리스도를 연상시키는 자신의 이름(임마누엘의 애칭)답게 종교와는 무관한 말을 하면서도 산티아고에게 구원의 손길을 내미는 것이다. 마놀린은 산티아고의 엄청난 투쟁이 지닌 의미를 또박또박 설명해 준다. 산티아고는 고기에게 진 것이 아니고 불가피한 자연의 순환 질서에 따라 진 것이다. 그리고 비록 졌지만 산티아고가 겪은 고통과 인내심은 그에게 구원을 가져다준다. 마놀린은 산티아고가 그 누구도 따를 수 없는 어

부라는 사실과 산티아고의 사고방식이 옳다는 사실과 자신의 일을 위해서 모든 것을 다 바치는 그런 사람이라는 사실을 다시 한 번 입증해 보였다는 것을 깨닫게 한다.

청새치의 부리코를 받음으로써 마놀린은 산티아고의 유산을 영구히 물려받는 것이다. 청새치의 부리코는 여러 가지를 상징할 수 있다. 십자가일 수도 있고, 돈키호테가 그토록 의미 있게 여기던 기사 작위를 뜻하는 칼일 수도 있고, 산티아고의 삶의 방식일 수도 있고, 아니면 산티아고가 소년에게 그토록 물려주고 싶어하던 모든 무형적 가치의 표상일 수도 있다. 어쨌든 마놀린은 청새치의 부리코에 담긴 의미를 분명히 이해하고 그 부리코를 받아들인다. 이렇게 함으로써 산티아고에 대한 믿음을 세 번째 고백하게 되는데, 여기에서 다시 한 번 운이라는 요소가 결부된다. "이제 우리 다시 같이 고기를 잡아요." 이 말을 듣고 산티아고가 언제나처럼 운을 들먹여 반대하자 마놀린은 이렇게 받는다. "그깟 놈의 운이 뭐예요… 제 운은 제가 몰고 갈게요… 저는 아직 할아버지께 배울 게 많아요."

문체 탐색 이제 산티아고는 앞으로 마놀린이 인생에서 중요한 일은 자기처럼 하면서 살리라는 것을 알고 있다. 늘 하던 방식으로 마놀린과 이야기를 하면서 이번에 겪은 엄청난 투쟁에 대해 들려준다. 그 무엇보다 먼저 준비해야 할 것에 대해 "우리한테 고기를 찌를 창이 있어야겠다"고 말한다. 함께 고기잡이를 나가기 위해서 준비해야 할 것들에 대해 이야기하는 두 사람의 대화를 읽으면서 독자들은 앞부분에서 이미 느꼈던 분위기를 다시 감지할 수 있다. 즉, 교리 교육을 하거나 종교 의식을 거행하는 것 같은 분위기를 맛보는 것이다. 또 앞부분에서 보았듯이 복권이나 투망 등에 대해 사실이 아닌 것을 사실인 양 생각하면서 나누는 대화의 분위기를 느낄 수 있다. 3인칭 화자의 시각에서 주인공의 의식이나 생각과 일정한 거리를 두고 이야기를 전개함으로써 헤밍웨이는 산티아고가 가슴속에 입은 '어떤' 상처로 인해 곧 죽을지도 모른다는 인상을 주지 않으려고 애쓰고 있다. 산티아고가 그 상처로 곧 죽든, 조만간 노쇠해져서 죽든 결과는 마찬가지다. 개인적 차원에서 볼 때 산티아고는 인간이기에 가능한 구원과 불멸을 획득했기 때문이다. 산티아고는 사자의 꿈을 꾼다. 사자는 자신의 젊은 시절과 마놀린에게 물려주고 싶은 자신의 특질들, 그리고 자신의 불멸성을 뜻하기 때문에 자면서 다시 사자 꿈을 꾸는 것이다.

주제 탐색 자신의 행동 철학에 따라 살고, 자연의 질서와 생명의 순환을 받아들이고, 평생의 천직을 통해 투쟁하고 견딤으로써 자신의 존재를 구원하고, 자기가 가진 모든 소중한 것을 다음 세대에게 넘겨준다는 면에서 볼 때 산티아고는 인간의 조건을 지닌 모든 사람을 대표하는 존재라고 할 수 있다. 그렇기 때문에 산티아고의 이야기는 정말로 우리 삶의 품격을 높이는 이야기가 된다. 관광객 한 쌍이 비록 청새치를 상어로 오해했지만 그래도 그 뼈를 보고 어떤 위용과 멋을 느꼈듯이, 이 이야기를 읽는 독자들은 연령이나 지식을 초월해 어떤 정신적인 교훈을 얻을 수 있다.

인물분석 노트

산티아고 O

마놀린 O

청새치 O

○ 산티아고

산티아고는 이제 인생의 황금기를 지난 늙고 가난한 어부다. 아내는 세상을 떠난 데다, 자식도 없고, 참으로 많은 고난을 겪으며 살았다. 미미한 존재로서의 의미, 마을 사람들의 존경심, 어부로서의 자긍심이 모두 고기잡이라는 그의 일에 달려 있음에도 불구하고 84일 동안이나 고기 한 마리 잡지 못한다. 그때문에 다섯 살 때부터 고기잡이를 가르쳐 함께 배를 타던 아들 같은 소년마저 부모의 성화로 다른 배로 옮겨 간다.

빅포드 실베스터 같은 평론가들이 지적하듯이 산티아고의 행동 철학이나 내면의 철학은 확실히 산티아고가 마을의 다른 사람들과 달라 보이게 만든다. 산티아고는 단지 돈을 벌거나 먹고 살기 위해서 고기잡이에 매달리지 않는다. 이런 태도는 단지 돈이라는 실리를 좇아 고기잡이를 하는 어부들과 다르다는 것을 보여준다. 산티아고는 새로운 물질문명을 받아들인 쿠바의 발전과 수산업으로 변질되어 가는 마을의 고기잡이 풍토에 초연하다. 산티아고는 고기잡이를 천직으로 알고 헌신한다. 고기잡이 자체를 모든 생명체가 한 형제로서 먹고 먹히는 영원한 순환 관계에서 자연 질서에 부응하는 좀더 정신적인 삶의 방식으로 보기 때문이다.

산티아고는 어떻게 해서든 사람들의 이야깃거리가 될 만한 고기를 잡으려고 한다. 단지 먹고 살게 해줄 고기가 아니라 자신의 솜씨를 입증해 보일 수 있고, 어부로서의 자긍심을 확인시켜 주고, 마놀린으로 하여금 인생의 중요한 것들을 자기처럼 하고 싶어하도록 정신적 지주로 만들어 줄 그런 엄청난 고기를 잡으려고 한다. 산티아고는 인생에서 중요한 것은 자신의 믿음에 따라 우아하게 열정적으로 살고, 힘닿는 데까지 솜씨와 재주를 발휘하고, 평생 하는 일 속에서 찾아오는 어려움에 맞서고 견딤으로써 자신의 존재를 구원하고, 자신이 지닌 모든 소중한 것을 다음 세대에게 넘겨주는 것이라고 믿는다. 이런 면에서 볼 때 산티아고의 바람은 사실 우리 모두의 바람이라고 할 수 있다.

산티아고의 빼어난 점은 매일 바다에서 맞이하는 아침 해가 눈을 상하게 했듯이 그렇게 한평생 고난을 겪으며 살았음에도 불구하고 여전히 주도적이며 고기잡이 솜씨가 탁월한 전문가라는 사실이다. 산티아고의 눈은 아직도 젊어 보이고, 생기가 넘치며, 눈빛이 살아 있다. 산티아고는 자신을 위해서는 물론 다른 사람들을 위해서도 어려움에 맞서 희망을 품고, 꿈을 간직하고, 믿음을 지키고, 몰입하고, 결의를 다질 수 있도록 신념을 불어 넣고 정신적 위안과 지침을 이끌어내게 한다.

○ 마놀린

마놀린은 산티아고에게 마지막으로 남은 가장 소중한 인간관계다. 산티아고가 자신의 고기잡이 솜씨는 물론, 이상,

자신의 기억까지도 모두 물려주고 싶어하는 분신 같은 젊은이다. 산티아고는 기성 세대의 노인이자, 스승이자, 정신적인 아버지인 반면, 마놀린은 새로운 세대의 청년이자, 제자이자, 정신적인 아들이다. 마놀린은 산티아고를 사랑하고 돌보아준다. 소설의 끝부분에서 마놀린은 산티아고와 산티아고로 상징되는 모든 것에 대한 믿음을 신앙 고백을 하듯 말한다. 임마누엘의 스페인 식 애칭인 마놀린이라는 이름을 가진 인물답게 산티아고의 투쟁의 의미를 정확하게 짚어 밝히는데, 이로써 산티아고는 자신이 추구하던 눈에 보이지 않는 소중한 것들을 얻는다. 마놀린은 세 번이나 산티아고에 대한 믿음을 고백한다. 청새치의 부리코를 받아들임으로써 마놀린은 산티아고가 물려주고 싶어하는 모든 것을 분명히 이해하고 확실하게 이어받을 것이다.

O 청새치

청새치는 노련한 어부 산티아고와 끈질기게 맞서는 조금도 꿀릴 것 없는 대단한 고기로 묘사되고 있다. 뿐만 아니라 소년에게 물려주고 싶은 산티아고의 덕성들을 지닌 그런 고기로 그려지고 있다. 즉, 고매한 정신, 치열한 삶, 자아와 자기다움에 충실한 태도, 인내, 아름다움, 위엄 등의 고상한 덕성을 갖춘 물고기다. 청새치와 중단할 수 없는 싸움을 벌이는 사흘 동안 산티아고와 청새치는 긴밀한 관계로 발전한다. 산티아고는 처음에는 청새치를 동정하다가 곧 이어 찬탄하고, 청새치가 가지리라 여겨지는 느낌들을 그대로 공감하고, 마침내 청새치와 일체감을 느낀다. 고기가 태어나보니 고기였듯이 자기도 나서 살다보니 어부가 되었다고 산티아고는 생각한다. 먹고 먹혀야 하는 운명의 굴레에 갇혀 있다는 면에서는 산티아고나 고기나 모두 형제인 것이다.

산티아고가 청새치를 잡았다는 사실은 그가 대단한 승리를 거두었다는 뜻이며, 그가 자신의 삶 자체를 의미 있는 것으로 만들기 위해 열렬히 추구하는 무형의 가치들을 약속하는 것이기도 하다. 그러나 청새치와 마찬가지로 이번에는 산티아고가 패배하고 희생당할 차례. 산티아고는 기운을 차리기 위해 청새치의 고기를 먹음으로써 자연계의 순환을 완성시킨다. 청새치라는 거대한 생명체는 산티아고에게 자신의 무언가를 준 것이다. 예수 그리스도의 십자가 처형을 연상시키는 청새치의 수난과 죽음이 끝나고 나서 그 청새치를 먹은 산티아고 역시 자연히 예수 그리스도의 십자가 처형을 연상시키게 된다고 평론가들은 지적한다. 둘은 자연의 비극적 순환의 고리를 넘어 개인의 삶에 의미를 부여할 수 있는 고통과 예상되는 패배, 그리고 인내를 상기시키는 상징의 관계로 맺어지는 것이다. 목숨을 건지기 위해 용감하지만 소용없는 투쟁을 하던 청새치의 모습이 산티아고에게 그대로 투영되어 그 역시 약탈자 상어로부터 청새치를 지키기 위해 용감하지만 소용없는 투쟁을 벌인다.

　　약탈자 상어 떼는 산티아고의 조각배에 묶인 청새치의 상품 가치를 완전히 앗아가버리고 그저 앙상한 뼈만 남겨놓는다. 조류에 쓸려 나갈 뼈로 전락한 것 같지만 그래도 청새치의 뼈는 산티아고가 자신의 삶에 의미를 부여하고 자긍심을 느끼기 위해 추구하는 바를 얻었다고 웅변하고 있다. 청새치의 크기를 잰 어부는 6미터쯤 된다고 말하는데, 이 마을 어부들이 아는 한 카리브 해에서 이보다 더 큰 고기는 잡힌 적이 없다. 마놀린은 청새치의 부리코를 받음으로써 산티아고가 마놀린에게 주고 싶어하는 모든 것을 물려받는 것이다.

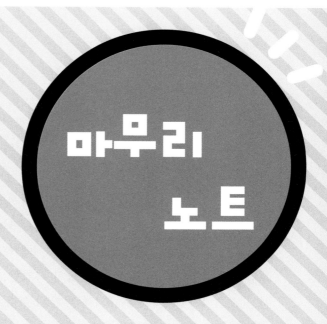

마무리
노트

헤밍웨이의 문체

　　헤밍웨이의 문체는 상당 부분 기자 경력에서 비롯된 것이다. 같은 시대에 활동했던 윌리엄 포크너*의 문체와는 완전히 대조적인 독특한 문체는 분명한 특징을 지니고 있다. 음절 수가 적은 낱말들, 직설적인 문장 구조, 생생한 묘사, 구체적인 사실 등이 어우러져 흥미진진하고 실감나는 읽기 쉬운 소설을 만들고 있다. 그러면서도 문체 자체에 독자의 주의가 사로잡히게 하는 일 없이 등장인물들의 복잡한 감정 상태를 전하는 것은 물론 의미가 확대되어 나가게 한다. 반복되는 이미지, 인유, 주제, 그리고 역시 되풀이되는 음성학적 효과, 리듬, 낱말, 문장 구조에 덧붙여 역사적 사실의 간접적 언급, 다양한 화자의 서술 등의 미묘한 문예 창작 기법을 활용해 그 같은 효과를 내고 있다.

　　헤밍웨이는 〈노인과 바다〉에서 산티아고가 고기잡이에 쏟는 그런 정성으로 낱말과 구절 하나하나를 골라 썼다. 그는 '빙산의 성격'을 생각하며 이 소설을 썼다고 스스로 밝히고 있다. 즉, 작가가 하고 싶은 이야기의 '8분의 7'은 겉으로 드러난 이야기의 속에 감추어져 있다는 뜻이다. 헤밍웨이는 낱말을

---

*　**윌리엄 포크너**(William Faulkner, 1897-1962): 미국의 작가. 노벨 문학상과 퓰리처상을 2회 수상한 바 있다. 대표작 〈우화 A Fable〉.

가급적 아껴 쓰면서도 최대한의 의미를 전달해, 이 소설의 의미는 점점 더 확대되어 나간다. 이 소설은 간결함, 단순한 구성, 그리고 당시의 정치적 상황에 대한 무심함으로 인해 단순해 보이는 데도 불구하고 사람을 잡아끄는 매력이 있다.

예를 들어 헤밍웨이는 계속해서 신앙심과 운에 대한 믿음을 결합시킴으로써 이 중편 소설의 중심 주제들 가운데 하나를 드러내고 있다. 같은 이미지와 인유가 반복되는 현상이 빈번하게 눈에 띄는데 이렇게 함으로써 쿠바 사람들의 가톨릭 신심, 요행수에 대한 애착, 야구 열기 등을 적나라하게 보여주고 있다. 종교나 운 모두 의례 또는 의식을 바탕으로 하는 것은 물론, 사람들에게 희망과 꿈, 믿음, 몰입하는 자세, 결의 등을 지니게 하는 공통점이 있다. 헤밍웨이는 특정한 리듬이나 문장 구조의 반복을 통해 되풀이되는 이미지나 인유를 보완하고 있다. 산티아고와 마놀린이 나누는 대화, 산티아고가 빈틈없고 꼼꼼한 준비 과정을 거쳐 나무랄 데 없는 솜씨로 고기를 잡고, 필요할 때 그 고기를 손질해서 먹는 장면 등에서 나타나는데, 이를 통해 종교적 의례나 의식, 교리 교육 같은 효과를 내고 있다.

기자 출신 작가답게 역사와 사실에 대한 언급을 통해 이야기에 흥미를 더하고 주제를 전개시키는 기법을 활용하고 있는데, 이 기법은 엘리엇이나 제임스 조이스도 즐겨 썼다. 예를 들어 자주 나오는 야구에 대한 이야기는 정확한 사실이었기 때문에 평론가들은 그것을 가지고 이 소설의 배경이 되는 시점을 9월 며칠 전후라고 정확히 짚어내기까지 했다. 뿐만 아니라 당시 쿠바의 문화적 · 경제적 · 사회적 상황을 알 수 있었고, 마놀린의 정확한 나이까지 계산해냈다. 역사적 사실에 대한 언급은 소설의 배경 지식을 제공하고, 문화적 맥락을 이해할 수 있게 하며, 이야기 줄거리를 풀어나가는 효과를 낸다. 또 다른 한편으로는 주인공들의 의중을 드러내고, 대화의 의미와 총체적 차원의 주제를 파악할 수 있게 해준다.

그런가 하면 몇 가지 서술 방식을 섞어 씀으로써 주인공과 독자 사이의 심리적 거리감을 조절하는 기법도 쓰고 있다. 소설의 앞부분과 뒷부분은 3인칭 화자의 서술로 이야기를 진행하면서 산티아고의 의식 속으로 깊이 들어가지 않는다. 육지에서 이야기가 전개되는 두 부분의 절제된 서술 방식이 이 작품에는 득이 된다. 예를 들어 앞부분에서 드러나는 산티아고의 서러울 정도의 곤궁함, 뒷부분에서 보게 되는 패배의 처절한 아픔 등은 멜로드라마 식의 과장 없이도 독자들의 마음속에 진한 여운을 남긴다. 반면에 바다에서 펼쳐지는 이야기는 산티아고의 시각으로 독백을 하게 하거나, 3인칭 화자로 산티아고의 생각을 서술하거나, 이 두 가지 서술 방식을 교대로 사용하면서 산티아고의 내면과 의식의 흐름의 단면을 보여주기도 한다. 바다라는 자연 속의 항해, 자연 질서와의 대립, 생명 순환의 불가피한 수용, 인간 존재의 구원 등을 묘사하기 위해서는 위와 같은 서술 방식이 필수적이다. 산티아고가 이야기 상대도 없이 혼자 바다에 나가 있는 동안에는 그의 의식 속으로 들어가는 것이 자연스럽게 느껴지고, 완전히 탈진한 상태에서 육지로 돌아왔을 때는 그의 의식 속에서 나오는 것 또한 당연하고 논리적이다.

주제

　　문학계의 거장들 대부분은 진정 위대하다고 일컬을 만한 문학 작품에 대해 비슷한 견해를 지니고 있다. 다양한 계층의 사람들이 읽을 수 있고, 한평생 되풀이해서 읽을 수 있어야 진정 걸작이라는 것이다. 그리고 읽는 사람마다, 읽을 때마다 새롭게 이해되고 뜻이 깊어져야 한다는 것이다. 〈노인과 바다〉야말로 이런 기준에 딱 들어맞는 소설이다. 이 중편 소설은 다양한 사람들이 읽고, 또 되풀이해서 읽지 않을 수 없게 만든다.

　　독자들은 이 소설을 산티아고라는 늙은 어부, 산티아고를 사랑하는 젊은이 마놀린, 산티아고가 거대한 청새치와 벌이는 일생일대의 위대한 투쟁을 그린 재미있고 사실적인 이야기로 받아들일 수 있다. 헤밍웨이 스스로 이 소설은 실존 인물과 실제 그런 고기에 대한 이야기라고 밝힌 바 있다. 평론가들은 조각배를 타고 먼바다까지 나가 큰 고기를 잡아가지고 오다가 상어에게 모두 빼앗긴 어떤 어부에 대해 썼던 짧은 산문이 이 작품의 뿌리가 되었을 것이라고 생각한다.

그러나 이 소설을 비유적인 이야기로 해석할 수도 있다. 겉으로 드러난 이야기 속에 더 깊은 의미들이 담겨 있기 때문이다. 예로부터 흔히 전해져 오는 이야기들이 대개 이런 형태인데, 사람들에게 쉽게 받아들여지는 특성이 있다. 예를 들어 여러 민족의 신화나 성서 속의 이야기들, 그리스 로마의 고전 작품들, 후기 현대 문학작품들에서 쉽게 찾아볼 수 있다. 뿐만 아니라 등장인물들도 지극히 보편적인 사람으로 누구나 공감할 수 있다. 오늘날에 이르기까지 인간이라면 누구나 지닐 만한 보편적 의식의 소유자로서 전형이 되는 인물의 이야기이기 때문이다.

이런 관점에서 보면 산티아고는 스승이고, 정신적인 아버지이며, 노인이고, 구세대다. 마놀린은 제자이고, 아들이고, 젊은이이고, 신세대다. 산티아고는 위대한 어부이며 마놀린은 견습생이다. 그런데 두 사람 다 고기잡이를 삶 자체이자 천직으로 안다. 또 자연이라는 세계의 구성원으로 살아가는 방식이자 정신을 드높이는 구도의 수단으로 생각한다. 그런 어부들 가운데 최고이면서 그런 정신의 화신인 산티아고는 자연 세계와 맞서는 인류의 외로운 대표자가 된다. 산티아고는 자연 질서 안에서는 모든 생명체가 불가피하게 먹고 먹히는 관계라는 사실을 받아들이면서도 모두가 또 서로에게 영향을 미치고 서로를 살리는 관계이기도 하다는 것을 이해하고, 인간 존재의 순환을 자연 질서의 한 부분으로 받아들인다. 그러나 자신의 위대한 투쟁을 견뎌내며 지속함으로써 삶에 의미를 부여하는 정신적 가치들을 얻을 수 있게 하는 믿음과 지혜를 자신의 내부로부터 끌어내 으스러지고 가루가 될지언정 굴하지 않는다.

자신의 행동 철학에 따라 살고, 자연의 질서와 생명의 순환을 받아들이고, 자신의 일을 통해 투쟁하고 견뎌내며 자신의 존재를 구원하고, 자신에게 소중한 모든 것을 다음 세대에 넘겨준다는 면에서 산티아고는 바로 우리 자신이 된다. 이처럼 산티아고의 이야기는 우리 모두의 이야기가 되기 때문에 진정 숭고하다. 관광객들이 청새치 뼈를 상어 뼈로 오해하지만 그래도 그 뼈를 보고 고기의 웅대한 모습을 짐작하듯이 다양한 계층의 독자들은 이 소설에서 어떤 정신적인 깨달음을 얻을 것이다. 그리고 되풀이해서 읽을 때마다 그 깨달음은 한층 깊어질 것이다.

행동 철학

〈노인과 바다〉에서 겉으로 드러난 이야기는 '빙산의 일각'에 불과하다는 헤밍웨이의 주장은 등장인물들의 행동을 지배하는 철학적·사회경제학적 가치관을 고려해 볼 때 정확히 맞는 말이다. 빅포드 실베스터 같은 평론가들이 지적하듯이 산티아고가 사는 어촌 마을의 어부들은 완전히 상반된 두 부류의 사람들로 나뉘어진다.

한 부류는 산티아고 같은 어부들이다. 자연을 존중하고 자신들이 자연의 일부라고 생각한다. 영원한 자연의 운행에 동참하기 위해 고기잡이 솜씨를 발휘하고 자기들의 일인 고기잡이에 열중한다. 산업화의 물결이나 현대식 기술과 동떨어져 옛날 식으로 고기잡이를 하며 대가족이 한데 어울려 끈끈한 공동체 의식을 지니고 산다. 바다에 애정을 느껴 여성형 정관사를 붙여 라 마르라고 부르며 바다가 비록 잔인할 때가 있지만 그래도 너무 아름답다고 생각한다. 이런 어부들의 대표격인 산티아고는 종교적 의식을 거행하는 듯한 성실함으로 고기잡이를 한다. 또 모든 생명체는 자연의 영원한 순환 속에서 서로를 먹여 살리는 공동 운명을 타고났다고 생각하여 그런 생명체들과 강한 유대감을 느낀다.

또 한 부류는 실리를 좇는 젊은 어부들로, 자연을 무시한다. 자신들의 솜씨를 믿지 않고 안정적인 수입을 올리기 위해 모터보트를 타고 다니며 부표에다 낚싯줄을 달아맨다. 물질적 발전에 힘입어 옛날 식 고기잡이를 수산업으로 바꾸고, 생계를 위해 점점 산업화에 의존하며 점점 대가족 제도를 버리고 공동체 의식을 상실해 간다. 바다를 말할 때 남성형 정관사를 써서 엘 마르라고 하며, 바다를 맞서 꺾어야 할 적수나 원수로 여긴다. 이들이 하는 짓은 자연을 파괴하고 옛날 식 고기잡이를 하는 어부들로부터 정신적 가치와 의미를 앗아간다.

두 부류의 어부들이 이렇게 다른 가치관을 지니고 있다고 해서 헤밍웨이는 산티아고를 돈을 우습게 아는 인물로 그리고 있지는 않다. 오히려 산티아고의 곤궁한 현실, 가끔 복권에 당첨되었으면 하고 바라는 모습, 청새치의 가장 맛있는 부위가 상당한 값에 팔리겠다고 생각하는 장면 등을 통해 경제 관념이 있는 인물이라고 말하고 있다. 헤밍웨이는 오히려 그런 가치관의 차이를 통해 산티아고가 삶에 의미를 더해 주고, 정신적 풍요로움을 가져다주고, 개인적 존재를 구원하는 무형의 가치들을 열성적으로 추구하는 인물이라는 것을 보여주고 있다.

산티아고는 두 부류의 어부들이 서로 다른 가치관을 지닌 현실을 인정하고 수용함으로써 욥과 같은 성찰에 이르게 된다. 바다가 참 모질 수 있는데 휘파람새가 어쩌자고 그렇게 연약하게 만들어졌는지 안타까워하는 산티아고의 모습은 착한 사람들이 왜 고통을 겪어야 하느냐고 하느님께 묻는 욥의 질문을 연상시킨다. 물론 여기에는 자기 자신도 왜 이토록 고난을 겪어야 하느냐는 의문도 포함된다고 보아야 한다. 또 누구보다 낚싯줄을 팽팽하게 늘어뜨릴 수 있는 자기에 비해 낚싯줄을 들뜨게 하는 어부들이 왜 자기보다 고기를 더 잘 잡는지 답답해 하는 모습 역시 그만한 자격이 없는 사람들이 어째서 더 잘 풀리느냐고 묻는 욥의 질문을 생각나게 한다. 나중에 청새치를 죽인 것이 큰 죄인지 아닌지를 생각해 보는 과정에서 산티아고는 위의 두 가지 의문을 포함한 다른 진지한 고민거리들에 대한 답을 얻는다. 단지 먹고 살기 위해서가 아니라 어부이기 때문에 청새치를 죽였다는 깨달음이다. 이 깨달음 속에서는 고통을 겪는 것은 우주 삼라만상의 본질이라는 하느님의 응답이 메아리치는 것 같다. 불가사의하지만 그래도 산티아고는 자신이 해야만 하는 일, 자신의 천직, 영원한 삼라만상이 자신에게 맡긴 역할을 수행했다는 깨달음에 다다른다. 이 깨달음은 하느님이 욥에게 들려주는 대답인 동시에 산티아고가 자신이 품었던 의문들에 대한 답이기도 하다. 왜 착한 쪽이 고통을 겪어야 하는지(휘파람새가 왜 그토록 여리게 만들어졌는지, 산티아고 자신이 왜 그토록 오래 고기를 잡을 수 없었는지)와 그만한 자격이 없는 사람들이 왜 잘 풀리는지(낚싯줄을 들뜨게 할 정도의 어부들이 왜 더 고기를 잘 잡았는지)에 대한 답을 얻은 것이다.

약탈자인 삽코 상어를 연상시키는 실리를 좇는 어부들이 잘 나가고 대세를 이루는 것은 모든 생명체가 승자와 패자의 관계를 맺는 자연의 질서상 일시적으로는 불가피한 일이라고 헤밍웨이는 분명히 밝히고 있다. 그러나 실리를 좇은 어부들은 결국 자신들의 경제적 파멸을 초래할 악의 씨를 뿌리고 있는 것 또한 사실이다. 따라서 독자들은 마놀린이 산티아고에게 고난의 의미를 풀이해 줌으로써 구원받은 느낌을 갖도록 하는 역할로 끝나는 인물이 아님을 짐작할 수 있다. 마놀린과 그의 맥을 이을 후대들은 오늘날 흔히 목격할 수 있듯이 거의 전 세계적인 유행병처럼 번지는 사회경제적 변화가 쿠바의 시골 지역까지를 휩쓸고 났을 때 결국 다시 찾으려고 할 수밖에 없는 정신적 가치들을 지키고 가꾸는 정신의 지킴이 역할을 할 것이다.

Review

이 부분은 원작에 대한 이해력을 테스트하는 난입니다. 다음의 두 가지 코너를 차례로 끝내면, 〈노인과 바다〉에 대한 포괄적이고 의미 있는 파악이 가능해질 것입니다.

A 다음 질문에 간단히 답하시오.

1. 산티아고가 마놀린에게 "나는 그때 그때 대처하는 방식들도 알고 있고 각오도 되어 있단다"라는 말을 하였는데, 이것은 무엇에 대해 한 말인가?

2. 바다가 모질 수도 있는데 새가 연약하게 만들어진 것을 산티아고는 안타까워한다. 또 자기가 누구보다도 낚싯줄을 팽팽하게 드리울 수 있는데도 운이 따르지 않는다는 현실을 인정한다. 이 두 가지 성찰에서 성서의 어떤 인물이 연상되는가?

3. 산티아고가 육지에서 바다로 나갔다가 육지로 돌아오는 여정, 모든 생명체가 먹고 먹히는 관계인 자연 질서, 젊은이가 노인이 되고 세대가 가고 세대가 오는 것은 모두 무엇의 예라고 할 수 있는가?

모범답안: 1. 어부로서의 솜씨와 경험, 일에 대한 헌신의 태도, 이상으로부터 힘을 얻어내는 능력. 2. 욥 3. 순환

B 원작에서 다음 인용문을 찾아, 그 장면에 대해 설명하시오.

1. 인간은 패배하려고 난 게 아니다⋯ 사나이가 으스러지고 가루가 될 지언정 질 수는 없다.

2. 고기가 할아버지를 꺾지는 못했어요. 그 고기가 이긴 게 아니에요.

모범답안: 1. 산티아고는 청새치의 살점이 뜯겨 나간 자리에서 피가 흐르기 때문에 다른 상어들이 몰려올 것이고, 그렇게 되면 그의 승리가 패배로 바뀔 것임을 내다보고 있다. 그러나 모든 생명체는 그들을 패배시키는 자연 질서에 순응해야 하며 인간은 자신의 존재를 숭고하게 만들 능력이 있다는 것 또한 알고 있다. 2. 마놀린은 산티아고에게 청새치가 산티아고를 꺾은 것이 아니라고 설명하는데, 산티아고의 영웅적 투쟁과 패배는 비극이 아니라 개인의 구원에 이른 것이라는 사실을 처음으로 인정해 주는 사람의 말이라고 할 수 있다.

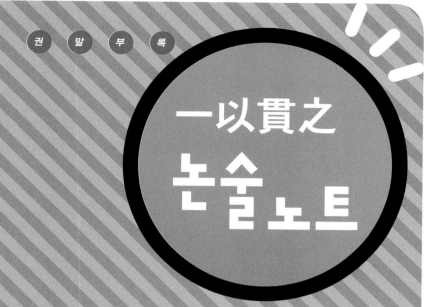

一以貫之
논술노트

一以貫之는 '논어'에 나오는 말로 '모든 것을 하나의 이치로 꿴다'는 뜻입니다.

논술의 주제와 문제 유형, 제시문들은 참으로 다양하고 가지각색입니다. 그러나 그 모든 것을 하나로 꿸 수 있습니다. '인간사회의 보편적 문제들에 대한 근원적인 물음에 답하는 자기 나름의 견해'라는 것이지요. 논술은 인간이면 누구나 부닥치는 개인적 또는 사회적 문제들에 대한 자기 나름의 고민이자 성찰입니다. 논술은 자기견해, 자기 가치관, 자기 삶에 대한 솔직한 고백입니다.

一以貫之 논술연구모임은 '자신의 물음'과 '자신의 생각'을 갖고 '자신의 글'을 쓸 수 있도록 도와줍니다.

〈집필진〉
김재년, 우한기, 이호곤, 박규현, 김법성, 김병학, 도승활, 백일, 우효기, 조형진

부조리한 삶의 은유 — 바다
이에 맞서는 인간의 환유 — 노인

어떻게 만물이 재난을 외면하고 유유자적하는가를 브뤼겔의 '이카루스의 추락'에서 보라. 농부는 아마도 무언가 풍덩 떨어지는 소리를, 살려달라고 외치는 소리를 들었으련만, 그에겐 그게 대수로운 일이 아니었다. 푸른 물결 속으로 사라지는 하얀 다리 사이 위로 태양은 여전히 빛나고 한 소년이 하늘에서 떨어지는 놀라운 일을 분명히 보았을 호화로운 배는 어딘가 제 갈 데가 있어 고요히 항해를 계속했다.

이상은 피터 브뤼겔의 명화 '이카루스의 추락'에 대한 미국 시인 오든의 설명이다. 먼저 인터넷에서 이 한 장의 그림을 찾아보도록 하자.

그림을 자세히 들여다보았다면 필자와 길을 떠나보자. 그림이 어째 좀 이상하지 않나? 제목은 '이카루스의 추락'인데 도대체 이카루스가 어디 있다는 것인지. 아무리 그림을 들여다봐도 보이는 것은 그저 평화롭고 한적한 바닷가 시골마을의 풍경일 뿐이다. 농부는 그저 밭을 갈고 호화로운 배는 제 갈 길을 갈 뿐이다. 모두가 고요한 일상에 젖어 있을 뿐. 하늘을 날고자 하는 이카루스의 격정도, 그리고 그 욕망의 처절한 실패도 보이지 않는다.

하지만 열심히 찾아보라. 그러면 보일 것이다. 그림의 오른쪽 아랫부분을 보자. 거꾸로 처박힌 채 볼품없이 두 다리를 허공으로 향하고 있는 모습이 보일 거다. 그 왼편으로는 나뭇가지에 걸린 날개가 보이고, 바다 위를 지저분하게 떠다니는 깃털들이 보일 것이다. 그게 바로 추락한 이카루스의 모습이다.

미노스 왕의 미궁을 건설하고 그 비밀을 지키기 위해 외딴 섬에 유배된 다이달로스와 그의 아들 이카루스. 그들은 외딴 섬에서 탈출하여 현실의 세계로 돌아오기를 꿈꾼다. 그 꿈은 차근차근 진행되어 드디어 거대한 날개가 완성되고 그들은 외딴 유배지에서 벗어나 현실세계로의 비상을 감행한다.

그러나, 비상의 과정에서 이카루스에게 다가온 치명적인 유혹. 바다와 태양 사이로 불어오는 기분 좋은 바람과 탁 트인 시야. 그는 눈을 감고 자신을 또 다른 자신에게 맡겨버린다. 이제 이카루스는 또 다른 꿈을 꾸기 시작한다. 이 순간 이카루스에게는 날갯짓의 자유, 세상으로부터의 격리가 행복으로 다가온다. 그는 다시 세상을 향해, 현실을 향해 날아가고 있지 않다. 그는 세상으로부터 해방되어 가고 있다. 하지만, 날개도 없는 것이 날기를 꿈꾸다니! 신이 명한 운명의 테두리, 그 바깥을 향해 도약을 감행한 이카루스의 시도는 실패할 수밖에 없는 시도였다. 그의 추락은 절망이 되고 그가 지나온 바다 위에는 그의 실패를 알리는 처참한 파편만이 떠다니고 있다. "도전한들 무슨 의미가 있을 것이며, 아무리 애쓴들 무슨 소용이 있을까."(영화 〈모던 타임즈〉에서) 우린 결국 실패하고 말 것을. 이미 정해진 운명의 테두리 속에서 그저 살아갈 뿐인 삶이라면. 이 절대적 무의미 앞에서 우리가 할 수 있는 것은 과연 무엇인지. 그저 무심하게 자신에게 주어진 일상을 살아갈 수밖에 없는 것은 아닌지?

16세기 네덜란드의 화가인 피터 브뤼겔은 네덜란드의 속담을 자신의 그림을 통해 표현하기를 즐겼다고 한다. 그래서 혹자는 이 그림은 "사람이 죽어도 쟁기질은 멈추지 않는다"는 속담을 표현한 것이라고도 한다. 그렇다면, 화가는 어쩌면 그걸 말하고 싶었던 걸까? 중력으로 다가오는 운명에 맞선 그의 저항은 그저 열에 들뜬 일탈일 뿐이라고. 우리네 삶에 아무런 흔적을 남기지 못하는 헛된 몸짓이라고. 그저 주어진 운명을 받아들이고 편안하게 일상을 꾸려가는 것이 최선의 지혜라고 이야기하는 것일까?

〈노인과 바다〉에 등장하는 노인 산티아고는 이 물음에 대해 단호하게 아니라고 말한다.

대부분의 어부들은 미끼를 조류에 내맡기고 있었기 때문에, 100길이라고 생각해도 실제로는 60길 정도밖에 안 되었다. 그러나 나는 정확하게 드리울 수 있지.

그는 누구보다도 그의 삶의 터전인 바다를 잘 이해하고

있다. 그는 누구보다도 바다의 흐름과 숨결을 잘 읽어낼 수 있었다. 바다는 그를 배반하지 않았고, 그는 바다를 통해 자신의 존재를 입증해 왔다. 그는 승자였다. 500킬로그램이 넘는 물고기를 두 번이나 잡은 경험이 있고, 바다에게 배운 지혜 — 결코 포기하지 않음 — 를 가지고 부둣가에서 열린 팔씨름 대회에서 우승을 하기도 했다.

하지만 바다는 끝내 그의 깊은 속내까지는 노인에게 밝히지 않는다. 바다에 대해 '다 알았다'고 말하려는 순간 바다는 노인을 배반한다. 노인은 더 이상 승자가 아니다. 시간의 흐름 속에서 쓸쓸히 패배를 안고 사라져야 할 존재가 되는 것이다.

그는 멕시코 만류에 조각배를 띄우고 혼자 고기잡이 하는 노인이었다. 고기 한 마리 못 잡은 날이 84일 동안이나 계속됐다. 처음 40일은 한 소년이 같이 있었다. 그러나 한 마리도 못 잡은 날이 40일이나 계속되자 소년의 부모는, 노인은 이제 '살라오'를 만났다고 했다. 살라오란 스페인어로 최악의 불운을 뜻하는 말이다. 소년은 부모의 명령으로 다른 배로 옮겨 탔고, 그 배는 고기잡이를 나간 첫 주에 큼직한 고기를 세 마리나 잡았다. 노인이 날마다 빈 배로 돌아오는 것이 소년에게는 무엇보다도 가슴이 아팠다. 그는 늘 노인을 마중 나가 둘둘 사려둔 낚싯줄이랑 갈퀴와 작살, 돛대, 돛 등을 챙기는 것을 도와주었다. 돛은 밀가루 부대로 여기저기 기운 것이어서 그것을 말아 올리면 영원한 패배를 상징하는 깃발처럼 보였다.

노인은 야위고 초췌했으며 목덜미에는 깊은 주름살이 잡혀 있었다. 열대의 바다가 반사하는 태양열 때문에 노인의 볼에는 피부암을 연상케 하는 갈색 기미가 생기고, 그것이 얼굴 양쪽 훨씬 아래까지 번져 있었다. 양손에는 군데군데 깊은 상처 자리가 보였다. 밧줄을 다루어 큰 고기를 잡을 때에 생긴 것이지만 어느 것도 요즈음 생긴 상처는 아니었다. 물고기가 살지 않는 사막의 침식지대처럼 낡고 오래된 거친 상처들이었다.

노인의 손에 난 상처는 대답 없는 바다를 향한 끝없는 질문과 저항의 징표다. 하지만 이제 더 이상 상처는 없다. 이미 굳어버린 상처, 과거의 시도를 상징할 뿐. 현재의 도전을 허용하지 않는 바다. 물론 노인은 한 줌의 희망을 버리지 않는다.

"그건 그렇고, 끝이 85인 복권을 한 장 사두는 게 어떨까? 내일이 85일째 되는 날이거든."

"살 수 있죠." 소년이 말했다. "그렇지만 할아버지가 고기를 못 잡은 최고 기록인 87은 어때요?"

"그런 일은 두 번 다시 없을 게다. 너 어디서 85로 끝난 걸 찾아낼 수 있겠니?"

결코 희망을 버리지 않는 노인에게 기회가 찾아왔다. 84일간 이어지던 불운에 맞서 일말의 희망을 가지고 먼바다까지

나가서 노인은 거대한 청새치 한 마리를 낚는다. 사투 끝에 찾
아온 작은 성공. 하지만 바다는 그리 호락호락하지 않다. 애써
찾은 작은 의미마저 잔인하게 꺾어버리는 힘.

그의 몸은 굳어졌고 쓰라렸으며 긴장했던 근육이 차가운 밤공
기와 함께 아파왔다. 이 이상 싸우고 싶지 않다, 하고 그는 생각했다.
제발 다시는 싸우지 않았으면…
그러나 한밤중에 그는 다시 싸웠고, 이번에는 싸워봤자 소용이
없다는 것을 알았다. 상어는 떼를 지어와 지느러미가 해면에 그리는
선과 고기를 물어뜯을 때의 인광만이 보일 뿐이었다. 그는 그 머리
를 휘둘러 쳤다. 상어가 살점을 물어뜯는 소리가 들렸고, 배 밑에서
살을 물어뜯을 때마다 배가 흔들렸다. 그는 육감과 소리만으로 필사
적으로 몽둥이를 휘둘렀으나 무엇인가가 몽둥이를 채어가버리고 말
았다.
그는 키에서 손잡이를 떼어내 두 손으로 움켜쥐고 닥치는 대로
마구 휘둘러댔다. 그러나 상어 떼는 이번에는 이물 쪽으로 몰려서 한
꺼번에 덤벼들어 뜯었고, 그것이 다시 덤벼들려고 돌 때마다 물어뜯
긴 살점이 물속에서 허옇게 빛났다.
그러던 중 한 마리가 고기의 머리로 달려드는 걸 보고 모든 것
이 끝났다는 것을 알았다.

노인의 작은 성공마저 끝끝내 용서하지 않는 바다. 이 바

다에 맞선 노인의 투쟁은 결국 뼈다귀만 건지는 무의미로 끝나고 만다. 모든 의미를 박탈해 버리는 바다의 잔인함.

노인에게 바다는 곧 삶이었다. 평생을 바다에 의지해서 바다와 함께 살아오며 바다를 이해했다고 여겼는데. 결국 노인에게는 바다가 곧 인생인 것을. 아무리 열심히 노력하고 인생을 이해하려 해도 도대체 무슨 소용이 있다는 건지. 결국 바다라는 거대한 힘 앞에 우린 늙어가고 배반당하고 실패하고 마는 것을.

카뮈는 이 상황을 '부조리'라고 불렀다. 자신의 삶과 세계가 몽땅 무의미 속으로 던져지는 상황. 익숙하던 것들이, 잘 안다고 여기던 것들이 낯설어지고 이해할 수 없는 것으로 다가오는 상황. 청운의 푸른 꿈이 어느 날 아침 출근길에서 성수대교 붕괴의 참사를 당하고, 열심히 일한 나, 이젠 좀 쉬어야지 하는데, 느닷없이 들이닥친 병마. 이러한 순간들이 바로 부조리의 순간들이다. 이런 파국을 맞아, 자 이제 무엇을 할 것인가? 모든 노력을 수포로 돌리며 익숙했던 모든 것들이 붕괴되는 상황. 한 줌의 의미도 찾을 수 없어 카뮈가 '사막'이라고도 불렀던 상황 앞에서 자! 당신은 어떻게 할 것인가?

희망을 버리는 것은 죄악이다

노인의 대답은 선명하다. 그는 결코 희망을 포기하지 않는다.

그는 병신이 되어버린 고기를 더 이상 보고 싶지 않았다. 고기가 물어뜯길 때는 꼭 자신의 살이 물어뜯기는 것 같았다. (중략)

"그러나 사람은 패배하려고 태어난 건 아니야." 그는 말했다. "사람은 죽지만 패배하지는 않는다." 그래도 내가 고기를 죽게 했으니 그건 미안하다, 하고 그는 생각했다. 이제부터 시련이 닥칠 텐데 작살마저도 없다. 하지만 내가 그놈보다 영리하지. 아니 그렇지 않을지도 몰라, 하고 그는 생각했다. 아마 내 무기가 저놈보다 나았다는 것뿐일 게야.

바람이 다시 불기 시작해 배는 잘 달렸다. 그는 고기의 앞부분만을 보고 있었고, 그러자니 약간의 희망이 되살아났다. 희망을 버리다니 어리석은 짓이야, 하고 그는 생각했다. 게다가 그건 죄가 된다고 믿어. 죄에 대해선 생각하지 말자.

84일간이나 이어지던 지독한 불운, 그리고 먼바다까지 나가 사투 끝에 잡은 청새치. 애써 잡은 청새치를 노리고 달려드는 상어 떼와 싸우며 귀항하는 노인의 독백이다. 끊임없이 달려드는 상어 떼. 도끼도 칼도 노도 부러지고 더 이상 싸울 수도 없는 최악의 상황에서 노인은 희망을 포기하지 않는다. 그리고 외친다.

"오너라, 갈라노야." 노인은 말했다. "자, 덤벼라."

"싸우는 거다." 그는 말했다. "죽을 때까지 싸워줄 테다."

짧은 소설이 우리에게 큰 울림으로 다가오는 것은 바로 이 외침 때문이다. 삶의 곳곳에서 도사리고 있는 위험, 불행. 모든 것을 무의미로 돌려버리는 파괴적 힘. 이에 맞서서 "사람은 죽지만 패배하지 않는다"는 정신으로 살아가는 모습은 위대하다. 나아가 "죽을 때까지 싸워줄 테다"를 외치는 대목은 숭고하기까지 하다. 그러나 희망이 없다면 그 너무나 비장하고 슬플 뿐이다. 아무런 의미도 없는 다만 외면하면 좋을 슬픔일 뿐이다. 지금의 고통이 언젠가는 사라지리란 희망. 누군가 어두움 속에서 내게 손을 뻗어주리란 희망. 내일도 내게 빛과 생명이 주어지리란 희망. 오늘과는 다른 삶이 주어지리란 희망. 그런 희망이 있어야 우리의 투혼도 빛나고, 노인이 물고기에 대해 느끼는 것과 같은 삶에 대한 동지애도 생긴다.

그리고 그런 희망을 가지지 않는 것은 죄다. 빛을 보고도 눈을 감아버리는 것은 자신을 어둠의 감옥 속에 가두는 자살 행위나 마찬가지이기 때문이다. 그래서 〈노인과 바다〉에서 노인은 고통과 죽음의 위협 속에서도 조용한 침착성과 불굴의 용기를 가지는 진정한 인간다움을 가르쳐준다.

"구하라, 주어질 것이요, 찾아라, 찾아질 것이요, 두드려라, 열릴 것이다. 누구든지 구하면 받고 찾으면 얻고 문을 두드리면 열릴 것이다."

─산상수훈 중에서

하지만 정말 그럴 수 있을까. 구해도 주어지지 않고, 찾아도 찾아지질 않고, 두드려도 열리지 않는 상황에서 희망이 가능한 것일까.

어쩌면 노인이 독백에서 말하고 있듯이 특이한 사람이어서 그런 것일 뿐. 보통의 사람들이라면 희망을 품는다는 것은 불가능한 일이 아닐까? 희망은 어디서 나오는 걸까?

희망의 근거 ─ 자기 관계자로서 인간

"가벼운 브리사(스페인어로 미풍을 뜻함)로군." 그는 말했다. "고기야, 너보다는 내게 훨씬 유리한 날씨다."

왼손은 아직 쥐가 나고 있었다. 그는 조심조심 쥐를 풀려고 했다.

쥐는 성가신 거야, 하고 그는 생각했다. 자신의 몸이 자기에게 반항하는 거다. 남 앞에서 프토마인 중독으로 설사를 하거나 토하는 것은 창피한 일이다. 그러나 이 쥐는 ─ 그는 스페인어로 칼람브레라고 생각했다 ─ 혼자 있을 때는 자신에게 창피한 노릇이다.

노인은 아무도 없는 곳에서 쥐가 난 것에 대해서 자신에게 창피해 하고 있다. 오직 인간만이 자신에 대해 창피해 할 수 있다. 자기 자신을 의식하는 존재라는 의미다. 이것을 키에르케고르는 '자신과 관계하는 관계'라고 불렀다.

141

양자 사이의 관계에서 관계 그 자체는 부정적 통일로서의 제삼자다. 그들 양자는 관계에 대해 관계하는 것이며, 그것도 관계 속에서 관계에 대해 관계하는 것이다. 예를 들면 인간이 영혼이라고 할 경우, 영혼과 육체의 관계는 그와 같은 관계다. 이에 반해 관계가 그 자신에 대해 관계한다면, 이 관계야말로 적극적인 제삼자인 것이며, 그리고 이것이 자기인 것이다.

— 키에르케고르 〈죽음에 이르는 병〉에서

인간은 근본적으로 관계 속의 존재다. 기존 관계의 속박에 묶인 존재. 사르트르는 이 상황을 "우리는 바다 물빛에 대해 스스로 관찰해 보지 않고도 초록색이라고 생각하고 말한다"고 표현한다. 관계와 구조 속에 갇힌 존재. 하지만 인간은 단순히 그 구조 속에 갇혀 있는 존재만은 아니다. 세계와 나와의 관계 그 자체를 끊임없이 바라보며 새롭게 틀을 짜보려는, 즉 세계와 나와의 관계와 관계를 맺는 또 다른 관계 이것이 바로 인간이다. 필연적으로 자신을 패배시키는 거대한 관계의 구조. 그 구조 속에서 존재하지만 동시에 그 구조가 강요하는 관계망을 벗어나고 싶어하는 존재.

카뮈가 〈페스트〉에서 의사 리유의 입을 빌려 하고 싶은 말도 이것이 아니었을까?

만약 어떤 전능한 신을 믿는다면 자기는 사람들의 병을 고치는 것을 그만두고 그런 수고는 신에게 맡겨버리겠다고 말했다. 그러나 이 세상 어느 누구도, 심지어는 신을 믿는다고 생각하고 있는 파늘루까지도 그런 식으로 신을 믿는 이는 없는데, 그 이유는 전적으로 자기를 포기하고 마는 사람은 없기 때문이며, 적어도 그 점에서는 리유 자신도 이미 창조되어 있는 그대로의 세계를 거부하며 투쟁함으로써 진리의 길을 걸어가고 있다고 생각한다고 말했다.

희망의 근거 ― 소년, 노인의 꿈을 꾸는

"맨 처음 저를 배에 태워주신 게 몇 살 때였죠?"

"다섯 살 때였지. 고기를 잡아 올렸을 때 그놈이 어찌나 퍼덕거렸는지 하마터면 배가 박살날 뻔했지. 그때 너도 죽을 뻔했어. 기억나니?"

"네, 기억나요. 그놈의 꼬리가 어찌나 무섭게 날뛰던지 배의 가름나무가 다 부러졌었지요. 할아버지는 나를 젖은 낚싯줄이 있는 이물 쪽에 던졌어요. 배가 마구 흔들리고, 마치 나무를 팰 때처럼 고기를 몽둥이로 후려 패니 들큰한 피 냄새가 물씬 풍겼어요."

"정말로 기억하고 있는 거냐, 아니면 내 얘기를 들어서 알고 있는 거냐?"

"우리가 처음 나갔을 때의 일은 모두 기억하고 있어요."

노인은 햇볕에 그을은 자신만만하고 사랑스러운 눈매로 소년을 바라보았다.

소년의 기억은 생생하다. 그 기억은 마치 날카로운 첫 키스의 추억과도 같이 결코 잊혀지질 않는다. 소년에게 노인은 바로 현실을 살아가는 힘이 되는 꿈을 제공하는 자다. 노인이 고기잡이를 하며 끊임없이 위대한 디마지오를 떠올리듯이 말이다.

노인은 고기잡이를 하면서 또 소년과 이야기를 나누면서 끊임없이 위대한 디마지오를 언급한다. 아킬레스건 부상으로 끔찍한 고통에 시달리면서 끝내 경기를 포기하지 않았던 디마지오를.

소년에게 노인은 끝끝내 의미를 찾을 수 없는 세계와 맞서 의미를 건져내는 투쟁을 벌이는 힘이 된다. 마치 노인이 잠들면 아프리카 해안에서 보았던 사자를 꿈꾸듯이.

"저게 뭐죠?" 여인은 급사에게 물으면서 이제는 물결에 실려 나가기를 기다리고 있는 한낱 쓰레기에 불과한 큰 고기의 등뼈를 손가락으로 가리켰다.

"티뷰런입니다." 급사가 대답했다. "상어의 일종이죠." 그는 일의 자초지종을 설명하려고 했다.

"상어가 저렇게 아름답고 멋진 꼬리를 가지고 있는 줄은 정말 몰랐어요."

"나도 몰랐어." 그녀와 동행인 남자가 말했다.

길 위쪽 노인의 판잣집에서는 노인이 다시 잠들어 있었다. 여전히 엎드린 채였으며 소년이 곁에 앉아서 그를 지켜보고 있었다. 노인은 사자 꿈을 꾸고 있었다.

소년은 노인이 뼈만 남은 고기를 끌고 집으로 돌아온 후부터 노인 곁을 떠나지 않는다. 소년은 노인의 실패에 가슴 아파하면서 눈물을 멈추지 못한다. 하지만 그것은 바로 노인의 저항을 이해한 자의 눈물이다. 소년이 흘린 눈물만큼의 슬픔이 소년이 이해한 노인의 투쟁이다. 소년은 이제 노인의 뒤를 따라 부조리한 세상과 맞서 싸울 것이다.
잠시 시를 하나 보면서 이야기를 정리하도록 하자.

내 세상 뜨면 풍장 시켜다오 섭섭하지 않게
옷은 입은 채로 전자시계는 가는 채로 손목에 달아놓고
아주 춥지는 않게 가죽가방에 넣어 전세 택시에 싣고
群山에 가서 검색이 심하면
곰소쯤에 가서 통통배에 옮겨 실어다오
가방 속에서 다리 오그리고 그러나 편안히 누워 있다가
선유도 지나 통통 소리 지나 배가 육지에 허리 대는 기척에
잠시 정신을 잃고 가방 벗기우고 옷 벗기우고
무인도의 늦가을 차가운 햇빛 속에 구두도 양말도 벗기우고
손목시계 부서질 때 남몰래 시간을 떨어뜨리고
바람 속에 익은 붉은 열매에서 톡톡 튀기는 씨들을

무연히 안 보이듯 바라보며

살을 말리게 해다오

어금니에 박혀 녹스는 白金 조각도 바람 속에 빛나게 해다오

바람을 이불처럼 덮고 化粧도 해탈도 없이

이불 여미듯 바람을 여미고

마지막으로 몸의 피가 다 마를 때까지

바람과 놀게 해다오.

— 황동규 "풍장 1"

　황동규 시인의 "풍장"이란 연작 시중 하나다. 죽음이란 절대적 무의미에 대해 노래한다. 죽음에 대해 인간이 부여하는 세속적 가치를 거부한 채. 혹은 신적인 힘에 의지한 신성화도 거부한 채. 허무로서 죽음을 맞이하겠다는 의지로 읽힌다.

　하지만 조금만 더 자세히 살펴보면 아주 재미있는 시의 특성이 드러난다. 모든 종결어미가 청유형 어미로 끝나고 있지 않은지. 삶도 죽음도 허무한 것이라고? 천만에! 이 시의 화자는 기대하고 있다. 누군가를. 자신의 삶과 죽음에 대한 관점을 이해하고 그것을 실현시켜줄 누군가를. 그 누군가를 기대하는 삶은 허무한 것이 아니다.

　그 속에서 우리는 허무와 무의미를 밀어낼 희망의 자리를 본다. 이 희망이야말로 모든 것을 새롭게 시작할 수 있는 힘의 근원인 것이다.

다시 보는 '이카루스의 추락'

자! 이제 마지막이다. 피터 브뤼겔의 작품을 다시 보도록 하자. 어떤가? 이제 뭐가 좀 보이는가? 피터 브뤼겔이 어떤 의도로 그림을 그렸는지는 본인만 알겠지만 최소한 우린 이제 다르게 해석할 수 있지 않을까?

우리가 운명의 틀에 갇혀서 무의미한 몸짓을 되풀이하고 있을 때, 이카루스는 외로이 추락하고 있다. 아무도 보지 않는 곳에서 홀로. 어쩌면 지금도 우리들의 이카루스는 곳곳에서 무수히 추락하고 있을지도 모른다. 피터 브뤼겔의 그림은 그걸 이야기하는 것이라고 보고 싶다.

돌아보라고, 의미를 찾는 몸짓을 행하는 누군가를 찾으라고, 그 몸짓에 따스한 시선을 던지고 그 몸짓을 이해해 보자고, 이카루스의 시도야말로 기존의 관계에 얽힌 우리에게 새로운 도전을 할 수 있는 희망과 용기를 전해 주는 의미 있는 메시지, 무의미한 세상에서 의미를 건져내기 위한 희망의 등불인 것은 아닐까 하고 돌아보자는 것이다.

부조리한 바다에 대해 노인은 끝까지 투쟁할 것을 대답으로 내놓았다. 자! 당신의 대답을 들려줄 차례다.

실전
연습문제

〔○○대입〕 **서강대 논술고사**

〈문제〉

인간은 때때로 극복하기 어려운 역경과 고통에 처한다. 그런데 이러한 상
황을 이해하고 거기에 대처하는 방식은 사람에 따라 다를 수 있다. 카뮈의
소설 〈페스트〉에는 페스트로 인한 재난의 상황(제시문 A)에서 고통받는
오랑 시(市) 주민들의 사고와 행동이 나타난다. 제시문 (가), (나), (다)의
세 인물(기자 랑베르, 신부 파늘루, 의사 리유)이 각각 역경에 대처하는 방
식을 정리하고, 그들의 사고 방식과 행동 양식을 자신의 인생관과 관련지
어 비판적으로 논술하라.

〈제시문 A〉

　　며칠이 지나자 사태는 점점 더 심각해졌다. 죽은 쥐들의
수는 날로 늘어만 갔다. 나흘째 되는 날부터 쥐들은 떼를 지어
거리에 나와 죽었다. 집안의 구석진 곳으로부터, 지하실로부
터, 지하 창고로부터, 수챗구멍으로부터 쥐들은 떼를 지어 비
틀거리면서 기어 나와서는 햇빛을 보면 어지러운지 휘청거리
고, 제자리에서 맴을 돌다가 사람들 곁에 와서 죽어버리는 것

이었다. 밤이면 복도나 골목길에서 그놈들이 찍찍거리는 마지막 작은 소리가 들려오곤 했다. (중략) 마치 건강한 사람의 짙은 피가 돌연 역류하기 시작하는 것처럼, 여지껏 그렇게도 고요하기만 했다가 불과 며칠 사이에 발칵 뒤집혀버린 이 자그마한 도시의 아연실색함이 어느 정도일 것인가를 상상만이라도 해보라! (중략)

갑자기 병이 급속도로 퍼져 나가기 시작했다. 사망자의 수가 다시 30명으로 늘어난 날, 리유는 전보 공문을 받았다. 전보에는 〈페스트 사태를 선포하고 도시를 폐쇄하라.〉라고 적혀 있었다.

그때부터 페스트는 우리들 전체의 문제가 되었다. 그때까지는 그 이상한 사건들로 인한 충격과 불안에도 불구하고, 오랑 시민들은 각자가 평소와 마찬가지로 맡은 자리에서 그럭저럭 일을 계속하고 있었다. 그리고 아마 그 상태는 그대로 이어질 것이었다. 그러나 오랑 시의 문들이 폐쇄되자 그들은 한 독안에든 쥐가 되었으며 거기에 그냥 적응하지 않을 수 없게 되었다. 그래서 가령 사랑하는 사람과의 이별 같은 개인적인 감정도 처음 몇 주일부터 당장 모든 사람들 전체의 감정이 되었고, 공포심이 가세하면서 저 오랜 귀양살이 시절의 주된 고통거리가 되었다.

〈가〉

랑베르는 몹시 흥분해서 말했다. 그는 파리에 아내를 두고 온 것이었다. 정식 아내는 아니었지만 아내나 마찬가지였다. 시가 폐쇄되자 그는 곧 아내에게 전보를 쳤다. 처음에는 그저 일시적인 것이려니 하고 편지 왕래나 할 방도를 궁리하고 있었던 것이다. 오랑의 동료 기자들은 자기들로서는 아무 방도가 없다고 말했고, 우체국에서는 상대도 하지 않았고, 도청의 한 여자 서기는 그에게 콧방귀를 뀌었다. 마침내 그는 두 시간이나 줄을 서서 기다린 끝에 〈만사 순조로움. 곧 다시 봅시다.〉라고 쓴 전보를 한 장 접수시킬 수 있었다.

그러나 아침에 잠자리에서 일어났을 때, 얼마 동안이나 이 사태가 계속될는지 알 수 없다는 생각이 문득 머리에 떠올랐다. 그는 떠나기로 결심했다. 그는 소개장을 갖고 있었으므로 도청의 비서실장과 접촉할 수 있었다. (직업이 기자이고 보니 여러 가지 편의가 있었다.) 자기는 오랑과는 아무런 관계도 없으며, 여기에 머물러 있을 일도 없고, 우연히 자기는 여기에 있게 되었고, 일단 나가서 격리 수용되는 한이 있더라도 어쨌든 퇴거를 허가해 주는 일이 마땅하리라고 그에게 말했다. 비서실장은 이에 대해서, 잘 알아듣겠으나 예외를 만들 수는 없다, 검토는 해보겠지만 요는 사태가 중대한 만큼 선뜻 어떤 결정도 내릴 수는 없다고 대답했다는 것이다.

"그러나 어쨌든," 랑베르는 말했다. "나는 이 도시와 아무

상관이 없습니다."

"아마 그렇겠죠. 그러나 어쨌든 전염병이 오래 가지 않기
를 피차에 바랄 뿐입니다."

결국 그는 랑베르를 위로하면서, 오랑에서 흥미 있는 기
사거리를 얻게 될지도 모르는 일이고, 무슨 일이건 간에 잘 살
펴보면 반드시 좋은 면이 있는 법이라고 말해 주었다. 랑베르
는 어깨를 으쓱 치켜 올렸다. 그들은 시가의 중심지에 도착했다.

"어리석은 일입니다, 선생님. 저는 기사를 쓰려고 세상에
태어난 게 아닙니다. 그보다는 오히려 어떤 여자하고 살기 위
해서 세상에 태어난 것 같습니다. 그쪽이 더 어울리는 얘기가
아닙니까?"

어쨌든 그쪽이 더 이치에 맞을 것 같아 보인다고 리유는
말했다. (중략)

"이건 그야말로 인도적인 문제입니다. 서로 마음이 잘 맞
아서 살고 있는 두 사람에게 이러한 이별이 어떤 건지를 아마
선생님께서는 이해하지 못하실 겁니다."

리유는 금방 대답하지는 않았다. 그러다가 그는, 자기도
그걸 잘 이해하고 있다고 말했다. 그는 랑베르가 아내와 다시
만나게 되고, 서로 사랑하는 사람들 모두가 다시 결합하게 되
기를 진심으로 원하는 바이지만, 포고와 법률이 있고 페스트
가 있으니, 자기의 역할은 마땅히 해야 할 일을 완수하는 것이
라고 말했다.

"아니지요." 입맛이 쓰다는 듯이 랑베르는 말했다. "선생은 이해하지 못해요. 선생님 말씀은 이성에서 나오는 것이지요. 선생님은 추상적이십니다." (중략)

"아! 알겠어요." 랑베르가 말했다. "공적인 일이라는 말씀이시죠. 그러나 공공복지도 개개인의 행복으로 성립되는 것입니다."

⟨나⟩

그달 말경에, 우리 시의 고위 성직자 측에서는 집단 기도 주간을 설정함으로써 그들 특유의 방법으로 페스트와 싸우기로 결정했다. 대중 신앙심의 표시가 담긴 이 행사는 일요일에 페스트에 걸렸던 성(聖) 루가에게 드리는 장엄한 미사로 끝맺기로 되어 있었다. 그 기회에 파늘루 신부는 강론을 위촉받았던 것이다. (중략)

"오늘 페스트가 우리에게 닥쳐온 것은 반성할 때가 왔기 때문입니다. 올바른 사람들은 그것을 두려워할 필요가 조금도 없습니다. 그러나 사악한 사람들이 벌벌 떠는 것은 당연한 일입니다. 우주라는 거대한 곳간 속에서 가차 없는 재앙은 짚과 낟알을 가리기 위해서 인류라는 밀을 타작할 것입니다. 낟알보다는 짚이 더 많을 것이며, 선민들보다는 버림받는 사람들이 더 많을 것입니다. 그런데 이 불행은 하느님이 원하신 것은 아닙니다. 너무나 오랫동안 이 세상은 악과 타협해 왔습니다.

너무나 오랫동안 이 세상은 성스러운 자비 위에서 안식하고 있었습니다. 회개하는 것으로써 충분했고 모든 것은 허용되었습니다. 그리고 회개라면 모든 사람들이 다 자신 있다고 생각했습니다. 때가 오면, 사람들은 틀림없이 회개를 하고 싶은 심정이 될 것이기 때문입니다. 그때가 오기 전에는 가장 쉬운 길은 그냥 제멋대로 살아가는 것이요, 그 밖의 것은 하느님의 자비로 해결될 것이었습니다. 그런데 말입니다! 그런 식으로 오래 계속될 수는 없었습니다. 참으로 오랫동안 이 도시의 사람들에게 그 연민의 얼굴을 보여주시던 하느님께서도, 기다림에 지치고 실망하시어, 마침내 외면하신 것입니다. 하느님의 광명을 잃고 우리는 바야흐로 오랫동안 페스트의 암흑 속에 빠지고야 말았습니다!"(중략)

"그렇습니다. 반성할 때가 온 것입니다. 여러분은 주일에 하느님을 찾아뵙기만 하면 나머지 시간은 자유라고 생각했던 것입니다. 서너 번 무릎을 꿇는 것으로 여러분의 그 죄스러운 무관심에 대한 대가를 하느님께 갚은 것이라고 생각했던 것입니다. 그러나 하느님은 미지근하지는 않으십니다. 그처럼 드문드문 찾아뵙는 관계 정도로는 하느님의 넘쳐흐르는 애정을 만족시킬 수 없었던 것입니다. 하느님은 여러분을 더 오래 보고 싶으셨던 것입니다. 그것이 여러분을 사랑하시는 하느님의 방식이며, 그것만이 유일한 사랑의 방식입니다. 이리하여, 여러분이 찾아뵙는 것을 기다리다가 지치신 하느님은, 인류가

153

역사를 가진 이래 재앙이 죄 많은 모든 도시를 찾아들었듯이, 여러분에게도 찾아들게 하신 것입니다. 카인과 그 자손들이, 노아의 대홍수 이전의 사람들이, 소돔과 고모라의 사람들이, 애굽의 왕과 욥, 그리고 또한 모든 저주받은 사람들이 그것을 알았듯이, 이제 여러분은 죄가 어떤 것인가를 알 것입니다. 그리고 이 도시가 여러분과 재앙을 벽으로 둘러싸고 가두어버린 그날부터, 여러분은 그네들이 모두 그러했듯이, 새로운 눈으로 모든 존재와 사물들을 바라보고 있는 것입니다. 여러분은 이제야, 마침내 근본적인 것에로 돌아와야 한다는 사실을 알게 된 것입니다." (중략)

"우리가 좀더 깊은 통찰력을 가지고 본다면 그것은 모든 고민 속에 가로놓인 저 영생의 황홀한 빛을 보여주고 있다는 것을 알 수 있습니다. 그것은 확고하게 악을 선으로 변화시키는 신의 뜻을 말해 주는 것입니다. 오늘도 또 다시, 죽음과 고뇌와 아우성의 길을 통해서, 그 빛은 우리들을 본질적인 침묵으로 이끌어가며, 모든 생명의 원천으로 이끌어가고 있습니다. 여러분, 이것이야말로 광대무변한 위안입니다. 이 위안을 여러분에게 가져다주고자 합니다. 부디 여러분은 이 자리에서 응징의 언사를 듣고 돌아가시는 데에 그치지 말고 여러분을 진정시키는 '말씀'도 잘 듣고 가시기 바랍니다."

〈다〉

"그래도 선생님은 파늘루 신부처럼 페스트에도 그것대로
의 유익한 점이 있어서 사람의 눈을 뜨게 하고, 사람으로 하여
금 생각을 하게 한다고 여기고 계시겠죠!"

리유는 답답해서 머리를 흔들었다.

"이 세상의 모든 병이 다 그렇죠. 그러나 이 세상의 모든
고통에 있는 것은 페스트에도 역시 있습니다. 하기야 몇몇 사
람들을 위대하게 만드는 구실도 하겠죠. 그러나 그 병으로 해
서 겪는 참상과 고통을 볼 때, 체념하고서 페스트를 용인한다
는 것은 미친 사람이나 눈먼 사람이나 비겁한 사람의 태도일
수밖에 없습니다."

리유는 어조를 높였다고 할 수도 없었다. 그러나 타루는
그를 진정시키려는 듯이 손을 저었다. 그는 미소를 짓고 있었다.

"좋습니다." 어깨를 으쓱하면서 리유가 말했다. "한데, 내
가 아까 한 말에 대해 아직 대답을 안 하셨습니다. 잘 생각해
보셨나요?"

타루는 안락의자에서 좀 편안하게 고쳐 앉으면서 머리를
불빛 속으로 내밀었다.

"선생님은 신을 믿으시나요?"

질문은 역시 자연스럽게 나왔다. 그러나 이번에는 리유가
망설였다.

"믿지 않습니다. 그러나 그것은 무엇을 의미하는 것일까

요? 나는 어둠 속에 있고, 거기서 뚜렷이 보려고 애쓴다는 뜻입니다. 그러는 것이 유별나다고 생각하지 않게 된 지가 벌써 오래됩니다."

"좋아요." 타루가 말했다. "선생님 자신은 신도 믿지 않으시면서 왜 그렇게까지 헌신적이십니까? 선생님의 답변이 제가 대답하는 데 도움이 될 것입니다."

그늘에서 얼굴을 내밀지도 않은 채 의사는, 그 대답은 이미 했으며, 만약 어떤 전능한 신을 믿는다면 자기는 사람들의 병을 고치는 것을 그만두고 그런 수고는 신에게 맡겨버리겠다고 말했다. 그러나 이 세상 어느 누구도, 심지어는 신을 믿는다고 생각하고 있는 파늘루까지도 그런 식으로 신을 믿는 이는 없는데, 그 이유는 전적으로 자기를 포기하고 마는 사람은 없기 때문이며, 적어도 그 점에서는 리유 자신도 이미 창조되어 있는 그대로의 세계를 거부하며 투쟁함으로써 진리의 길을 걸어가고 있다고 생각한다고 말했다.

"아!" 타루가 말했다. "그러면 선생님은 자신의 직업을 그렇게 보고 계시는군요?"

"대충은 그렇습니다." 의사는 다시 밝은 쪽으로 몸을 내밀면서 말했다.

타루는 나직이 휘파람을 불었고 의사는 그를 보았다.

"그럼요." 그는 말했다. "아마 자존심이 대단하다고 생각하시겠죠. 그러나 나는 최소한의 자존심밖에는 없습니다. 정말이에요. 앞으로 무엇이 나를 기다리고 있는지, 이 일들이 모두 끝난 다음에는 무엇이 올 것인지 나는 모릅니다. 당장에는 환자들이 있으니 그들을 치료해야 합니다. 그런 다음에 그들은 반성할 것이고, 또 나도 반성할 것입니다. 그러나 가장 긴급한 일은 그들을 치료하는 것입니다. 나는 힘이 미치는 데까지 그들을 보호해 줄 것입니다. 그뿐이지요." (중략)

"내가 이 직업에 발을 들여놓았을 때, 나는 말하자면 그냥 막연히 택했지요. 직업이 필요했었고, 딴 직업이나 마찬가지로 괜찮은 직업이었고, 젊은 사람이 한 번 해볼 만한 일이었기 때문이죠. 또 어쩌면 나 같은 노동자의 자식으로서는 특별히 어려운 일이었기 때문이었는지도 모릅니다. 택하고 났더니 죽는 장면을 보아야만 했지요. 죽기를 거부하는 사람이 있는 것을 아시나요? 어떤 여자가 죽는 순간에 '안 돼!' 하고 외치는 것을 들은 일이 있나요? 나는 있어요. 그때 나는 절대로 그런 것에 익숙해질 수 없다는 것을 깨달았지요. 그때는 나도 젊었고, 해서 나의 혐오감은 세계의 질서 그 자체에 대하여 솟구치는 것이라고 생각했었죠. 그 후 나는 한층 더 겸허해졌어요. 다만, 죽는 것을 보는 일에는 여전히 길들여지지 못한 채로요. 그 이상은 아무것도 모릅니다. 그러나 결국…"

리유는 입을 다물고 다시 자리에 앉았다. 입 안이 마른 듯싶었다.

"결국은요?" 하고 타루가 나직하게 물었다.

"결국…" 의사는 말을 계속하려다가 타루를 물끄러미 보면서 또 주저했다.

　"당신 같은 사람이면 이해할 수 있는 일이라고 생각하는데, 어떠세요? 그러나 세계의 질서는 죽음에 의해 좌우되는 것이니 만큼, 아마 신으로서도 사람들이 자기를 믿어주지 않는 편이 더 낫고, 신이 그렇게 침묵하고 있는 하늘만을 쳐다볼 것이 아니라 있는 힘을 다해서 죽음과 싸워주기를 더 바랄지도 모릅니다."

다락원 명작노트 035

노인과 바다

펴낸이 정효섭
펴낸곳 (주)다락원

초판 1쇄 인쇄 2007년 3월 16일
초판 1쇄 발행 2007년 3월 22일

책임편집 안창열, 김지영
디자인 손혜정, 박은진
번역 최기철
삽화 손창복

다락원 경기도 파주시 교하읍 문발리 509-1
Tel:(02)736-2031 Fax:(02)732-2037
(내용문의: 내선 410/구입문의: 내선 113~114)
출판등록 1977년 9월 16일 제300-1977-23호

Copyright ⓒ 2007, 다락원

출판사의 허락 없이 이 책의 일부 또는 전부를
무단 복제·전재·발췌할 수 없습니다.
잘못된 책은 바꿔 드립니다.

값 8,500원

ISBN 978-89-5995-150-5 43740

영어 독해력 증강 프로그램

행복한 명작 읽기

〈행복한 명작 읽기〉는 기초가 약한 영어 초급자나 초, 중, 고 학생들이 보다 즐겁고 효과적으로 명작들을 읽으며 독해력을 키울 수 있도록 개발된 **독해력 증강 프로그램입니다.**

국판 | **Grade 1, 2, 3** 각권 **6,000원**(오디오 CD 1개 포함)
Grade 4, 5 각권 **7,000원**(오디오 CD 1개포함)
*어린왕자 8,000원(오디오 CD 2개 포함)
**고도를 기다리며 9,000원(오디오 CD 2개 포함)

책의 특징

1 골라 읽는 재미가 있다. 초보자를 위한 350단어 수준에서 중고급자를 위한 1,000단어 수준까지 5단계 구성.
2 단계별로 효과적인 영어 읽기 요령과 영문 고유의 참맛을 느낄 수 있는 장치가 곳곳에.
3 읽기만 해도 영어의 키가 쑥쑥 – 해석을 돕는 돼지꼬리(⌒), 영어표현 및 문법 설명, 퀴즈가 왕창.
4 체계적인 듣기 학습까지. 전문 미국 성우들의 생동감 넘치는 원음을 담은 오디오 CD 제공.

Grade 1 Beginner	**Grade 2** Elementary	**Grade 3** Pre-intermediate	**Grade 4** intermediate	**Grade 5** Upper-intermediate
350words	**450**words	**600**words	**800**words	**1000**words
1 미녀와 야수	11 이솝 이야기	21 톨스토이 단편선	31 오페라 이야기	41 센스 앤 센서빌리티
2 인어공주	12 큰 바위 얼굴	22 크리스마스 캐럴	32 오페라의 유령	42 노인과 바다
3 크리스마스 이야기	13 빨간머리 앤	23 비밀의 화원	33 어린 왕자*	43 위대한 유산
4 성냥팔이 소녀 외	14 플랜더스의 개	24 헬렌 켈러, 나의 이야기	34 돈키호테	44 셜록 홈즈 베스트
5 성경 이야기 1	15 키다리 아저씨	25 베니스의 상인	35 안네의 일기	45 포 단편선
6 신데렐라	16 성경 이야기 2	26 오즈의 마법사	36 고도를 기다리며**	46 드라큘라
7 정글북	17 피터팬	27 이상한 나라의 앨리스	37 투명인간	47 로미오와 줄리엣
8 하이디	18 행복한 왕자 외	28 로빈 후드	38 오 헨리 단편선	48 주홍글씨
9 아라비안 나이트	19 몬테크리스토 백작	29 80일 간의 세계 일주	39 레 미제라블	49 안나 카레니나
10 톰 아저씨의 오두막	20 별	마지막 수업	30 작은 아씨들	40 그리스 로마 신화	50 나에겐 꿈이 있습니다 –명연설문 모음

쉬운 영문을 통해 영어 독해에 대한 막연한 두려움을 없앴다
왕초보 기초다지기

실력에 맞게 효과적으로 끊어 읽으며 직독직해 훈련을 한다.
실력 굳히기

영문판 원서 도전을 위한 전 단계의 준비과정이다.
영어의 맛
제대로 느끼기